Make You A Pilates Instructor

필라테스 지도자로
만들어 줄게 R.C.C.B

필라테스 지도자로 만들어 줄게 R.C.C.B
Make You A Pilates Instructor

초판 1쇄 발행 2024년 5월 30일

지은이 송기연, 장미리
펴낸이 장길수
펴낸곳 지식과감성#
출판등록 제2012-000081호

교정 이주연
디자인 강샛별, 서혜인
편집 서혜인
검수 주경민, 이현
마케팅 김윤길, 정은혜

주소 서울시 금천구 벚꽃로298 대륭포스트타워6차 1212호
전화 070-4651-3730~4
팩스 070-4325-7006
이메일 ksbookup@naver.com
홈페이지 www.knsbookup.com

ISBN 979-11-392-1844-2(14510)
　　　979-11-392-1842-8 (세트)
값 35,000원

- 이 책의 판권은 지은이에게 있습니다.
- 이 책 내용의 전부 또는 일부를 재사용하려면 반드시 지은이의 서면 동의를 받아야 합니다.
- 잘못된 책은 구입하신 곳에서 바꾸어 드립니다.

지식과감성#
홈페이지 바로가기

Make You A Pilates Instructor

필라테스 지도자로 만들어 줄게 R.C.C.B

저자 송기연, 장미리

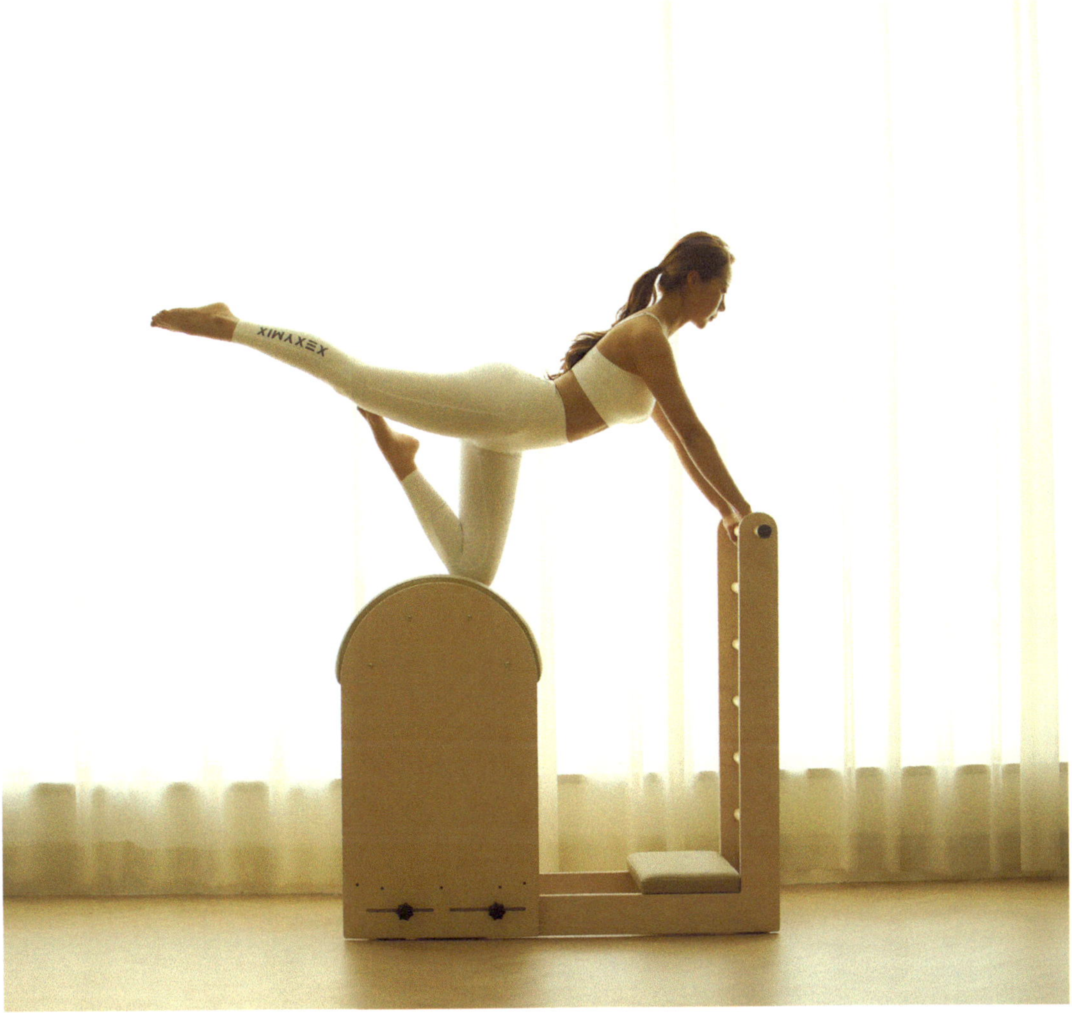

본 교재는 한국저작위원회에 편집저작물로 등록되어 있어
상업적 또는 비상업적 용도로 내용을 복사, 수정하거나 재배포를 금지합니다.

적발 시 저작권법 위반에 따른 민/형사상의 책임을 받을 수 있습니다.

Copyright 2020. Ki-Yeon, Song & Mi-Ri, Jang All rights reserved.

KPIPA Korea Posture Integrated Pilates Association
President. Ki-Yeon, Song
Managing Director. Mi-Ri, Jang

KPIPA Pilates Instructor Course

Make You A Pilates Instructor
Reformer

KPIPA Pilates Instructor Course

Lession 1 | 필라테스 해부학

Lession 2 | Mat & Props 필라테스

Lession 3 | R.C.C.B 필라테스

목차

협회장 인사말 — 14

5. 리포머 필라테스

머메이드(Mermaid) — 20

레그 스트레칭(Leg Stretching-Hamstring, Iliopsoas) — 23

스쿠터(Scooter) — 25

니 밴딩 플랭크(Knee Bending Plank) — 27

암 워크(Arm Work) - 숄더 익스텐션(Shoulder Extension) — 29

암 워크(Arm Work) - 숄더 어덕션(Shoulder Adduction) — 31

암 워크(Arm Work) - 엘보 익스텐션(Elbow Extension) — 33

헌드레드(Hundred) — 35

싱글 & 더블 레그 스트레칭(Single & Double Leg Stretching) — 37

브릿지(Bridge) — 39

한 발 브릿지(One Leg Bridge) — 41

펠빅 리프트(Pelvic Lift) — 43

세미 써클(Semi Circles) — 45

싱글 & 더블 레그 풋 워크(Single & Double Leg Foot Work) — 47

레그 레이즈(Leg Raise) — 50

레그 프레스(Leg Press) — 52

레그 써클(Leg Circle) — 54

롱 스파인 롤 업(Long Spine Roll Up) — 56

롤 다운(Roll Down) — 58

암 워크(Arm Work) - 엘보 플렉션(Elbow Flexion) — 60

암 워크(Arm Work) - 숄더 익스텐션(Shoulder Extension) — 62

암 워크(Arm Work) - 레터럴 로테이션(Shoulder Lateral Rotation) — 64

암 워크(Arm Work) - 쟁반 나르기(Serve a Tray) — 66

암 워크(Arm Work) - 허그 어 트리(Hug a Tree) — 68

암 워크(Arm Work) - 트라이셉스 익스텐션(Triceps Extension) — 70

암 워크(Arm Work) - 드로우 어 소드(Draw A Sword) — 72

사이드 밴드(Side Band) — 74

암 워크(Arm Work) - 풀링 스트랩(Pulling Straps) — 77

암 워크(Arm Work) - 숄더 프레스(Shoulder Press) — 79

스완(Swan) — 81

힙 업(Hip Up) — 83

플랭크(Plank) — 85

엘리펀트(Elephant) — 87

트위스트(Twist) — 89

스플릿(Splits) — 91

싱글 & 더블 레그 풋 플레이트(Single & Double Leg Foot Plate) — 93

6. 캐딜락 필라테스

암 풀 다운(Arm Pull Down) — 98

머메이드(Mermaid) — 100

스케퓰라 아이솔레이션(Scapula Isolation - Elevation & Depression) — 103

스케퓰라 아이솔레이션(Scapula Isolation - Protraction & Retraction) — 105

스파인 스트레칭(Spine Stretching) — 107

스파인 트위스트(Spine Twist) — 109

시팅 캣(Sitting Cat) — 112

닐링 캣(Kneeling Cat) — 114

롤 다운(Roll Down) — 116

풀바(Pull-Bar) & 푸시바(Push-Bar) — 118

크런치(Crunch) & 어퍼 암(Upper Arm) — 120

티저(Teaser) — 122

어드밴스 브릿지(Advanced Bridge) — 124

파라켓(Parakeet) — 126

몽키 - 싱글 & 더블(Monkey - Single & Double) — 129

타워(Tower) — 131

레그 프레스(Leg Press) — 133

스완(Swan) — 136

힙 업(Hip up) — 138

힙 힌지(Hip hinge) — 140

롤 업 앤 롤 다운(Roll Up & Roll Down) — 142

암 워크(Arm Work) - 암 익스텐션(Shoulder Extension) — 144

싸이 스트레칭(Thigh Stretching) — 146

암 워크(Arm Work) - 숄더 익스텐션(Arm Extension) — 148

싱글 & 더블 레그 스트레칭(Single & Double Leg Stretching) — 150

롤 오버(Roll Over) — 152

사이드 밴드(Side Bend) — 154

스완(Swan) — 156

라운드 백(Round Back) & 플랫 백(Flat Back) — 158

암 워크(Arm Work) - 원 암 풀(One Arm Pull) — 160

암 워크(Arm Work) - 엘보 플렉션(Elbow Flexion) — 162

암 워크(Arm Work) - 숄더 익스텐션(Shoulder Extension) — 164

암 워크(Arm Work) - 쟁반나르기(Serve a Tray) — 166

암 워크(Arm Work) - 허그 어 트리(Hug A Tree) — 168

암 워크(Arm Work) - 암 익스텐션(Arm Extension) — 170

숄더 브릿지(Shoulder Bridge) — 172

레그 풀 시리즈(Leg Pull Series) — 174

프로그 레그(Frog Leg) — 176

레그 써클(Leg Circle) — 178

레그 프레스(Leg Press) — 180

사이드 레그 시리즈(Side Leg Series) — 182

트라페즈 브릿지(Trapeze bridge) — 184

트라페즈 플랭크(Trapeze Plank) — 187

트라페즈 레그 스트레칭(Trapeze Leg Stretching) — 189

행잉 시리즈(Hanging series) — 191

7. 체어 필라테스

햄스트링 스트레칭(Hamstring Stretching) ― 196

카프 스트레칭(Calf Stretching) ― 198

발목 가동성 운동(Ankle Joint Movement) ― 200

머메이드(Mermaid) ― 202

스파인 스트레칭(Spine Stretching) ― 205

딥스(Dips) ― 207

레그 펌프 - 싱글 & 더블(Leg Pumps - Single & Double) ― 209

스케퓰라 아이솔레이션(Scapula Isolation) ― 212

체스트 프레스(Chest Press) ― 214

스완 다이브(Swan Dive) ― 216

사이드 시리즈 #1(Side Series #1) ― 218

사이드 시리즈 #2(Side Series #2) ― 220

티저(Teaser) ― 222

스탠딩 레그 펌프(Standing Leg Pumps) ― 224

잭 나이프(Jack Knife) ― 227

스텝 업(Step Up) ― 229

롤 오버(Roll Over) ― 231

브릿지(Bridge) ― 233

싱글 레그 브릿지(Single Leg Bridge) ― 235

햄스트링 프레스(Hamstring Press) ― 237

원 레그 햄스트링 프레스(One Leg Hamstring Press) — 239
사이드 시리즈 #3(Side Series #3) — 241

8. 레더 바렐 필라테스

햄스트링 스트레칭(Hamstring Stretching) — 246
궁둥구멍근 스트레칭(Piriformis Stretching) — 248
사이드 스트레칭(Side Stretching) — 250
롤 다운(Roll Down) — 253
플랫 다운(Flat Down) — 255
척추 회전운동(Spine Twist) — 257
백 밴딩(Back Bending) — 259
사이드 밴드(Side Bend) — 262
클램(Clam) — 264
스완(Swan) — 266
스완 다이브(Swan Dive) — 267
레그 리프트(Leg Lift) — 269
힙 업(Hip Up) — 271
에이-포지션(A-Position) — 273
스파인 스트레칭(Spine Stretching) — 275
싱글 레그 킥(Single Leg Kick) — 277
사이드 시리즈(Side Series) — 279

협회장 인사말

안녕하세요.

근거 중심의 필라테스 문화를 선도하는 KPIPA 대한자세통합필라테스협회장 송기연입니다. 저는 물리치료사이자, 물리치료학 박사 과정에서 연구 중인 생도이면서 물리치료학과와 협회에서 후진양성에 힘쓰고 있는 교육자이기도 합니다.

물리치료사로 근무하며 잘못된 자세나 습관에 의해 점점 악화되고 심화되어 가는 환자분들을 치료하다 보면 굉장히 많은 환자분들이 조기 관리의 실패, 자신에게 어떤 운동이나 자세가 도움이 되는지, 또는 해로운지 제대로 된 정보 없이 막연하게 인터넷이나 소문에 의한 무분별한 정보 사이에서 좋은 정보와 잘못된 정보들을 구분하지 못해 오히려 증상과 병을 키우고 악화시키는 사례들을 많이 접해 왔습니다.

이러한 경험들로 자세와 습관, 질환에 따라 선택적으로 적용할 수 있는 운동 프로그램의 필요성을 느껴 저와 뜻을 함께하는 동료 치료사 선생님들과 함께 재활 운동 전문 센터인 다나필라테스를 설립하였습니다.

재활 목적으로 개발되고 만들어진 필라테스 운동을 저희가 익히고 학습한 해부학적 지식을 바탕으로 재구성, 재해석하여 더 많은 분들에게 더욱 좋은 효과를 가져다드릴 수 있도록 노력하였습니다. 오랜 시간 다나필라테스를 운영하다 보니 자연스럽게 필라테스와 재활 운동의 미래에 대한 방향성에 대해 자주 고민하게 되었습니다.

특히 다양한 강사 선생님들을 접하다 보니, 필라테스나 운동은 잘 지도하고 가르치시지만 해부학적인 지식과 이해, 전문성을 갖춘 강사 선생님들이 부족하다는 생각이 들었고, 이에 재활 필라테스와 재활 치료 및 운동 관련 교육 기관인 KPIPA 대한자세통합필라테스협회와 KIREA 대한통합재활운동협회를 설립하게 되었습니다.

단순히 운동만 잘 가르치는 강사가 아닌 레슨뿐만 아니라 이 운동을 왜 해야만 하는지, 왜 필요한지 설명할 수 있는 강사를 양성하기 위해 수년간 노력해 왔습니다.

감사하게도 그 노력을 알아주시는 원장님들이 함께 동참해 주신 덕분에 광주, 전남, 전북을 시작으로 천안, 청주, 일산, 파주, 인천, 구미, 순천, 대구, 창원에 이르기까지 다양한 지역 교육 지부에서 좋은 지부장님, 수석 강사님들과 함께 저희가 목표로 하고 추구하는 것들을 교육할 수 있게 되었습니다.

저희 대한자세통합필라테스의 교육은 어렵기만 할 것 같은 해부학을 접목한 재활 필라테스를 누구나 쉽게 평가하고 쉽게 레슨에서 적용할 수 있는 '즉효성', 교육 후에도 동일한 효과를 만들어 낼 수 있는 '재현성', 강사의 주관적인 견해가 아닌 논문 근거 기반과 교육진의 충분한 임상 경험이 함께 어우러진 '객관성'을 갖추었기 때문에 수강생 선생님들의 만족도 높은 교육을 제공해 드리고 있습니다.

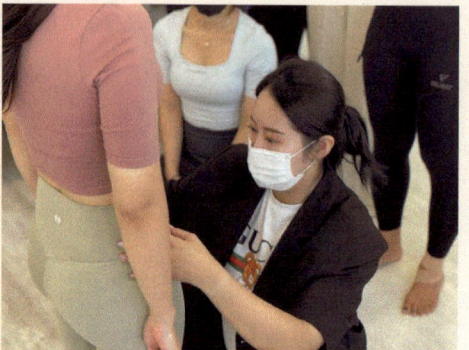

저희 대한자세통합필라테스협회의 교육을 이수하신 선생님들께서는 '회원의 자세가 틀어지고, 아픈 이유'를 해부학적 근거를 바탕으로 분석하고 추리할 수 있습니다.
'회원의 자세가 틀어지고, 아픈 이유'에 부합하는 올바른 운동처방 및 레슨 프로그램을 계획할 수 있습니다.
'회원의 자세가 틀어지고, 아픈 이유'를 체계적으로 설명하고 근거를 증명해 보일 수 있습니다.

이로써 저희 대한자세통합필라테스협회의 교육을 이수하신 선생님들께서는 수십, 수백 가지의 수많은 운동 동작들 가운데서 충분한 이론적 근거를 기반으로 선택적인 레슨 프로그램 구성을 통해 더 효율적으로 레슨을 할 수 있게 될 것이고 이러한 근거 기반의 효율적인 레슨은 내가 지도하는 회원에게 좋은 효과를 가져다줄 것입니다. 그만큼 필라테스 강사로서, 운동지도자로서 레슨을 지도하는 것을 즐기게 될 것입니다.

재활 필라테스 전문 지도자를 목표로 하시는 선생님들, 재활 운동에 관심 있으신 선생님들 언제나 환영합니다.

감사합니다.

5.

리포머 필라테스
REFOMAR PILATES

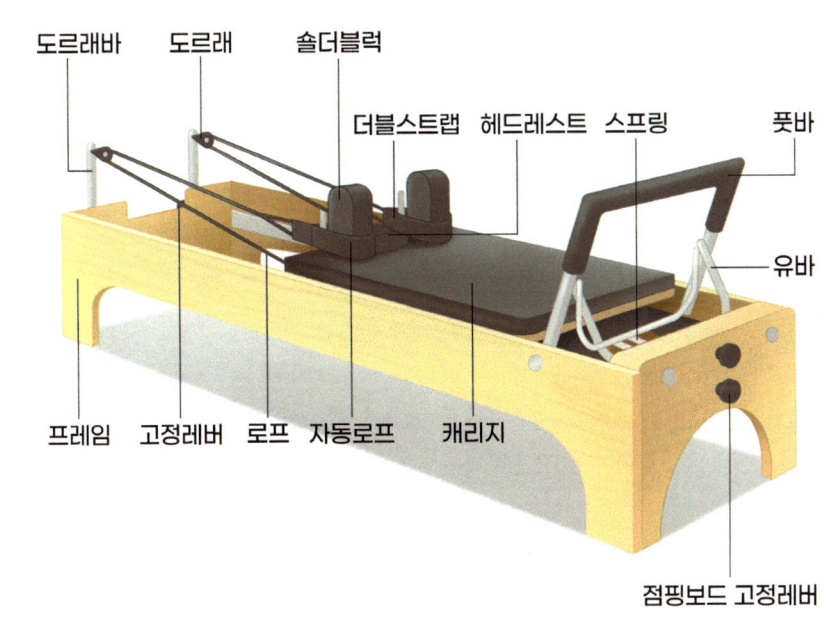

◆ 리포머 구조와 명칭 ◆

'리포머'라는 기구는 가장 대중적인 필라테스 기구로 응용과 변형에 따라
300여 가지의 동작이 가능하기 때문에 "필라테스의 꽃"이라 불린다.

개개인의 건강 상태와 체력, 인지나 운동의 목적에 따라
스프링을 이용하여 손쉽게 적용 가능하며, 관절에 부담 없이 전신의 근력을 강화시킬 수 있다.

머메이드(Mermaid)

1. 리포머 측면의 바깥쪽 다리는 안쪽돌림시키고(or 양반다리) 앉아 한 손은 풋바를 잡고 한 손은 손바닥이 천장을 향하게 뻗어 유지한다.

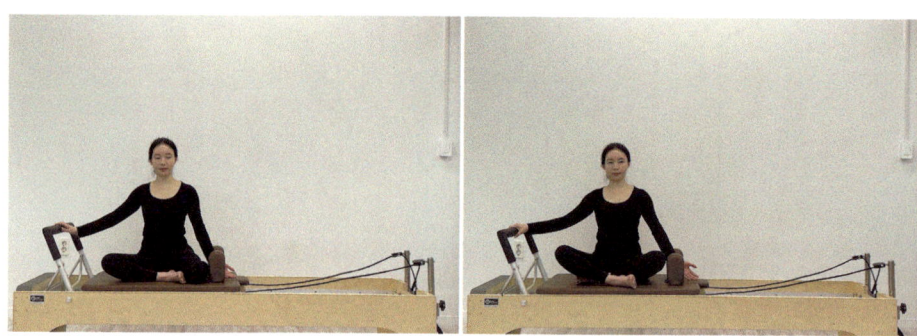

2. 풋바를 잡은 팔꿈치 쪽을 펴 캐리지(Carriage)를 밀어 준다. 반대쪽 팔을 머리 위로 넘기며 가쪽굽힘시켜 몸통 측면부를 스트레칭한다.

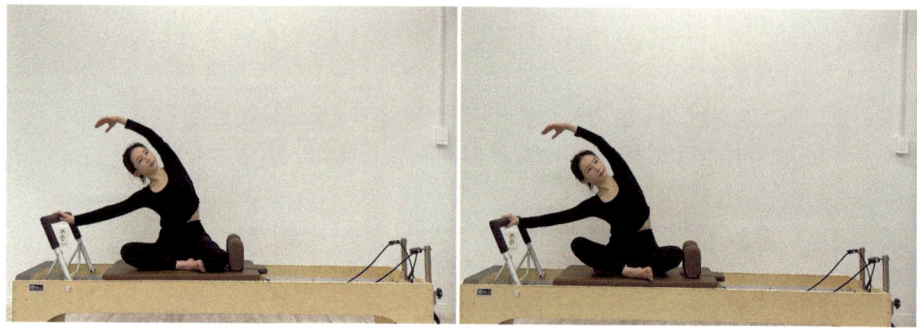

<응용 동작> 머메이드 위드 로테이션(Mermaid with Rotation)
양손으로 풋바를 잡고 골반이 따라오지 않게 눌러 내며, 풋바를 밀어 낸다.

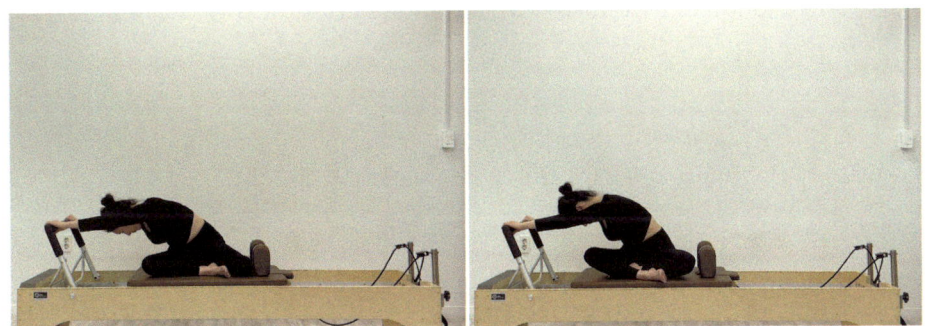

목적
어깨관절 스트레칭(Shoulder Stretching)
척추 스트레칭(Spine Stretching)
척추 분절 움직임 증진(Spine Articulation Movement Improvement)

주요 효과
등쪽 폄근 스트레칭(Back Extensor Muscle Stretching)
몸통 가쪽굽힘근 스트레칭(Trunk Lateral Flexor Stretching)
어깨관절 폄근(Shoulder Extensor), 모음근(Shoulder Adductor) 스트레칭

주의 사항
특정 분절의 과운동성이나 저운동성이 나타나지 않게 주의한다.
측면부 스트레칭 시 체간이 무너지지 않게 주의한다.
골반이나 다리에 보상성 변화가 나타나지 않게 주의한다.
가동 범위(ROM)가 제한될 시 서서히 늘려 준다.

레그 스트레칭
(Leg Stretching-Hamstring, Iliopsoas)

1. 풋바 방향으로 측면에 선다. 한쪽 다리를 구부려 발바닥은 숄더 레스트(Shoulder Rest)에 두고, 양손은 풋바를 잡고 척추, 골반 정렬을 유지한다.

2. 척추 정렬 유지하며 캐리지(Carriage)를 뒤쪽으로 밀어 낸다. 동시에 지지하고 있는 쪽 무릎을 펴 길게 뻗어 준다.

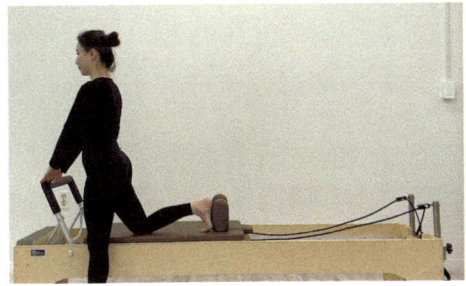 

3-1. (Hamstrings) 자세를 유지하며 발등굽힘시켜 다리 뒤쪽 근육을 스트레칭한다.

3-2. (Iliopsoas) 서 있는 쪽 다리 무릎을 구부려 골반을 수직으로 눌러 앉아 엉덩관절 굽힘근을 스트레칭한다.

목적
다리관절 스트레칭(Leg Joint Stretching)
엉덩관절 가동성 운동(Hip Joint ROM Exercise)

주요 효과
엉덩관절 굽힘근(Hip Flexor), 폄근(Hip Extensor) 스트레칭
무릎관절 폄근 스트레칭(Knee Extensor Stretching)
발목관절 발바닥굽힘근 스트레칭(Ankle PlantaFlexor Stretching)

주의 사항
동작 시작 전 골반은 중립을 유지하며 동작 중 허리-골반을 과하게 젖히지 않게 주의한다.
가동 범위(ROM)가 제한될 시 서서히 늘려 준다.

스쿠터(Scooter)

1. 풋바 방향으로 리포머 측면에 서서 한쪽 다리는 구부려 발바닥은 숄더 레스트(Shoulder Rest)에 두고, 양손은 풋바를 잡고 척추, 골반 정렬을 유지한다.

2. 척추 유지하면서 숄더 레스트(Shoulder Rest)를 밀어 내는 힘주며 무릎을 펴 낸다.

목적

허리-골반 영역 안정화(Lumbo-pelvic Stability)

협응력 증진(Coordination Improvement)

등허리 근막 활성화(Lumbodorsal Fascia Activation)

복부-엉덩이-허리 근육의 동시 수축(Abdominal Muscle-Gluteal Muscle-Elector Spinae Co-Contraction)

엉덩관절 폄근 강화(Hip Extensor Strengthening)

주요 효과

코어 근육(Core Muscle)

엉덩관절 폄근(Hip Extensor)

무릎관절 폄근(Knee Flexor)

주의 사항

목, 어깨 주변부의 근육들이 긴장되지 않게 주의한다.

복부에 힘을 유지하며, 다리를 뻗어 내는 동안 허리-골반(Lumbo-Pelvic) 영역의 안정성(Stability)을 유지한다.

니 밴딩 플랭크(Knee Bending Plank)

1. 네발기기 자세(4Point Kneeling position)로 양손은 풋바를 잡고, 두 발바닥은 숄더 레스트(Shoulder Rest)에 두며 유지한다.

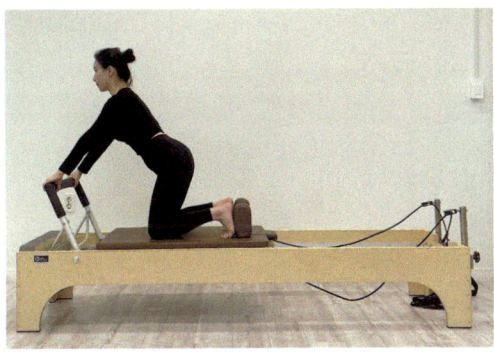

2. 척추 정렬을 유지하면서 엉덩관절이 일직선이 되도록 캐리지(Carriage)를 밀어 낸 후 엉덩관절을 접어 제자리로 돌아온다.

목적

허리-골반 영역 안정화(Lumbo-pelvic Stability)
협응력 증진(Coordination Improvement)
등허리 근막 활성화(Lumbodorsal Fascia Activation)
복부-엉덩이-허리 근육의 동시 수축(Abdominal Muscle-Gluteal Muscle-Elector Spinae Co-Contraction)
골반 경사 인지(Pelvic Tilt Cognition)

주요 효과

코어 근육(Core Muscle)
복근(Abdominal Muscle)
척추세움근(척추기립근, Elector Spinae)
엉덩관절 굽힘근(Hip Flexor), 폄근(Hip Extensor)

주의 사항

목, 어깨 주변부의 근육들이 긴장되지 않게 주의한다.
복부의 긴장을 유지하며, 다리를 움직이는 동안 허리-골반(Lumbo-Pelvic) 영역의 안정성(Stability)을 유지한다.

암 워크(Arm Work)
– 숄더 익스텐션(Shoulder Extension)

암 워크(바로 누운 자세, Supine Position)의 응용 동작으로 후면 코어와 어깨관절 폄근을 발달시키는 데 효과적이다.

1. 헤드 레스트(Head Rest)에 머리를 두고 눕는다. 양손을 스트랩(Strap)에 끼워 천장 쪽으로 길게 뻗고, 양다리는 테이블 탑(Table Top) 자세를 만들어 유지한다.

2. 복부 수축하며 동시에 양손은 골반 측면까지 눌러 낸 후 제자리로 돌아온다.

목적

허리-골반 영역 안정화(Lumbo-pelvic Stability)
등허리 근막 활성화(Lumbodorsal Fascia Activation)
복부 강화(Abdominal Strengthening)
어깨관절 강화(Shoulder Strengthening)

주요 효과

복근(Abdominal Muscle)
코어 근육(Core Muscle)
엉덩관절 굽힘근(Hip Flexor)
어깨관절 굽힘근(Shoulder Flexor), 폄근(Shoulder Extensor)

주의 사항

목, 어깨 주변부의 근육들이 긴장되지 않게 주의한다.
골반 중립 자세를 유지하고, 보상작용에 의해 허리나 엉덩관절 굽힘근에 과긴장이 유발되지 않게 주의한다.
복부의 움직임을 확인하며, 올바른 호흡 패턴을 유지한다.

암 워크(Arm Work)
– 숄더 어덕션(Shoulder Adduction)

암 워크(바로 누운 자세, Supine Position)의 응용 동작으로 어깨관절 모음근을 발달시키는 데 효과적이다.

1. 헤드 레스트(Head Rest)에 머리를 두고 눕는다. 양손을 스트랩(Strap)에 끼워 양팔 옆으로 나란히 열어 주고, 다리는 테이블 탑(Table Top) 자세를 만들어 유지한다.

2. 복부 수축하며 동시에 양손은 골반 측면까지 당겨 온 후 제자리로 돌아온다.

목적
허리-골반 영역 안정화(Lumbo-pelvic Stability)
등허리 근막 활성화(Lumbodorsal Fascia Activation)
복부 강화(Abdominal Strengthening)
어깨관절 강화(Shoulder Strengthening)

주요 효과
복근(Abdominal Muscle)
코어 근육(Core Muscle)
엉덩관절 굽힘근(Hip Flexor)
어깨관절 벌림근(Shoulder Abductor), 모음근(Shoulder Adductor)

주의 사항
목, 어깨 주변부의 근육들이 긴장되지 않게 주의한다.
골반 중립 자세를 유지하고, 보상작용에 의해 허리나 엉덩관절 굽힘근에 과긴장이 유발되지 않게 주의한다.
복부의 움직임을 확인하며, 올바른 호흡 패턴을 유지한다.

암 워크(Arm Work)
– 엘보 익스텐션(Elbow Extension)

암 워크(바로 누운 자세, Supine Position)의 응용 동작으로 팔꿈관절 폄근을 발달시키는 데 효과적이다.

1. 헤드 레스트(Head Rest)에 머리를 두고 눕는다. 양손으로 스트랩(Strap)을 잡고 팔꿈치를 구부려 캐리지(Carriage)에 놓는다. 손바닥은 풋바 방향, 양다리는 테이블 탑(Table Top) 자세를 만들어 유지한다.

2. 복부 수축하며 동시에 양손을 골반 측면까지 눌러 낸 후 제자리로 돌아온다.

목적
허리-골반 영역 안정화(Lumbo-pelvic Stability)
등허리 근막 활성화(Lumbodorsal Fascia Activation)
복부 강화(Abdominal Strengthening)
팔 근육 강화(Upper Muscle Strengthening)

주요 효과
복근(Abdominal Muscle)
코어 근육(Core Muscle)
엉덩관절 굽힘근(Hip Flexor)
팔꿉관절 굽힘근(Elbow Flexor), 폄근(Elbow Extensor)

주의 사항
목, 어깨 주변부의 근육들이 긴장되지 않게 주의한다.
골반 중립 자세를 유지하고, 보상작용에 의해 허리나 엉덩관절 굽힘근에 과긴장이 유발되지 않게 주의한다.
복부의 움직임을 확인하며, 올바른 호흡 패턴을 유지한다.

헌드레드(Hundred)

1. 헤드 레스트(Head Rest)에 머리를 두고 눕는다. 양손은 스트랩(Strap)에 끼워 천장 쪽으로 길게 뻗어 주고 양다리는 테이블 탑(Table Top) 자세를 만들어 유지한다.

니 밴딩(Knee Bending)   니 익스텐션(Knee Extension)

2. 배꼽을 척추 쪽으로 당기는 힘을 주며 동시에 어깨뼈 아래각까지 자연스럽게 상체를 말아 올라온다.

3. 이때 양손은 캐리지(Carriage)에서 10cm 정도 띄워 수면 위를 두드리듯 다섯 회 숨 들이마시고, 다섯 회 내쉬는 호흡에 맞춰 진행한다.

목적
코어 근육 강화(Core Muscle Strengthening)
협응력 증진(Coordination Improvement)
허리-골반 영역 안정화(Lumbo-pelvic Stability)
등허리 근막 활성화(Lumbodorsal Fascia Activation)
복부 강화(Abdominal Strengthening)

주요 효과
코어 근육(Core Muscle)
복근(Abdominal Muscle)
호흡근(Breathing Muscle)

주의 사항
목, 어깨 주변부의 근육들이 긴장되지 않게 주의한다.
골반 중립 자세를 유지하고, 보상작용에 의해 허리나 엉덩관절 굽힘근에 과긴장이 유발되지 않게 주의한다.
복부의 움직임을 확인하며, 리듬에 맞춰 올바른 호흡 패턴을 유지한다.

싱글 & 더블 레그 스트레칭
(Single & Double Leg Stretching)

1. 헤드 레스트(Head Rest)에 머리를 두고 누워 양손은 스트랩(Strap)에 걸어 천장 쪽으로 길게 뻗어 주고 양다리는 테이블 탑(Table Top) 자세를 만들어 유지한다. 이때 양손은 골반 측면까지 눌러 내 캐리지(Carriage)에서 살짝 띄워 고정한다.

싱글-레그 스트레칭(Single-Leg Stretching)　　　더블-레그 스트레칭(Double-Leg Stretching)

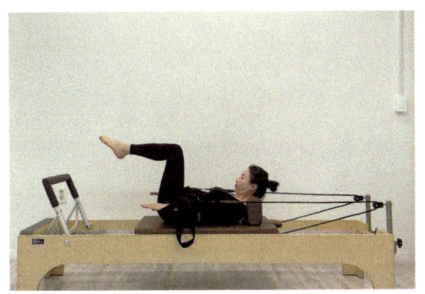

2-1. (싱글) 복부를 수축시키는 동시에 양다리는 교차로 뻗어 낸다.

2-2. (더블) 복부 수축시키는 동시에 양다리는 사선 방향으로 뻗어 낸다.

목적
허리-골반 영역 안정화(Lumbo-pelvic Stability)
협응력 증진(Coordination Improvement)
등허리 근막 활성화(Lumbodorsal Fascia Activation)
복부 강화(Abdominal Strengthening)

주요 효과
코어 근육(Core Muscle)
복근(Abdominal Muscle)
엉덩관절 굽힘근(Hip Flexor), 폄근(Hip Extensor)
어깨 안정화근(Scapular Stabilizers)

주의 사항
목, 어깨 주변부의 근육들이 긴장되지 않게 주의한다.
골반 중립 자세를 유지한다.
복부에 힘을 유지하며, 다리를 교차로 뻗는 동안 허리-골반 영역이 바닥에서 들리지 않게 유지한다.
다수의 수업을 진행하는 경우 같은 박자를 맞출 수 있도록 카운트를 센다.

브릿지(Bridge)

1. 헤드 레스트(Head Rest)에 머리를 두고 누운 채 양발을 풋바에 어깨 넓이로 놓고 유지한다.

2. 복부를 수축하면서 동시에 골반-허리-등 순으로 들어 올려 가슴부터 무릎까지 사선을 유지한 후 제자리로 돌아온다.

목적

허리-골반 영역 안정화(Lumbo-pelvic Stability)
코어 근육 강화(Core Muscle Strengthening)
협응력 증진(Coordination Improvement)
복부-엉덩이-허리 근육의 동시 수축(Abdominal Muscle-Gluteal Muscle-Elector Spinae Co-Contraction)
척추 분절 움직임 증진(Spine Articulation Movement Improvement)

주요 효과

코어 근육(Core Muscle)
복근(Abdominal Muscle)
엉덩관절 폄근(Hip Extensor)
척추세움근(척추기립근, Elector Spinae)

주의 사항

목, 어깨 주변부의 근육들이 긴장되지 않게 주의한다.
동작 시작 전 골반은 중립을 유지하며 동작 중 허리-골반을 과하게 젖히지 않게 주의한다.

한 발 브릿지(One Leg Bridge)

1. 복부를 수축하면서 동시에 골반-허리-등 순으로 들어 올려 가슴부터 무릎까지 사선을 유지한다.

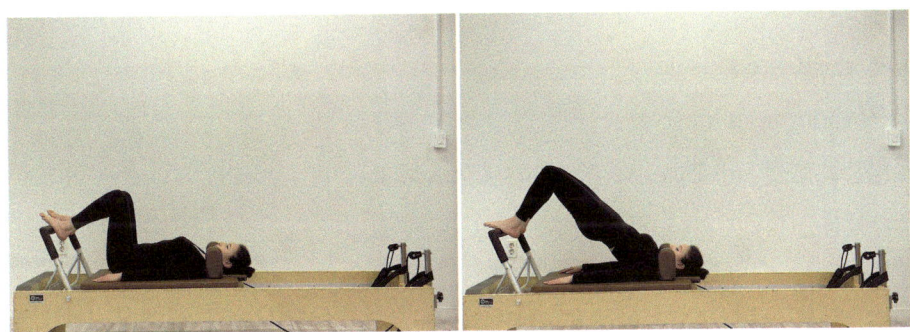

2. 양쪽 골반의 ASIS가 수평이 될 수 있게 유지하면서 한쪽 다리를 풋바에서 들어 올린다. 반대쪽도 동일하게 진행한다.

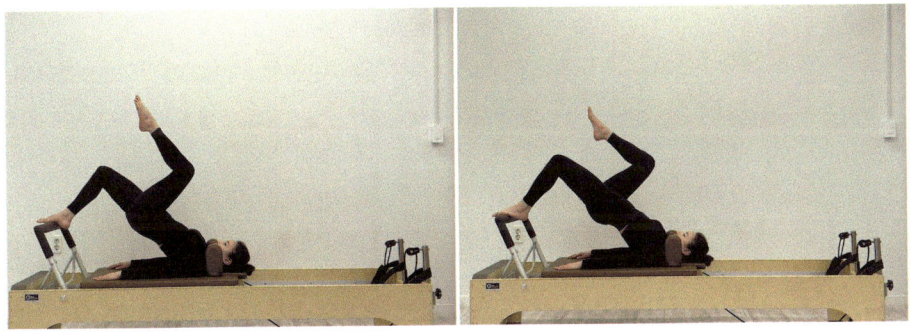

목적

허리-골반 영역 안정화(Lumbo-pelvic Stability)

코어 근육 강화(Core Muscle Strengthening)

협응력 증진(Coordination Improvement)

복부-엉덩이-허리 근육의 동시 수축(Abdominal Muscle-Gluteal Muscle-Elector Spinae Co-Contraction)

척추 분절 움직임 증진(Spine Articulation Movement Improvement)

주요 효과

코어 근육(Core Muscle)

복근(Abdominal Muscle)

엉덩관절 폄근(Hip Extensor), 벌림근(ABductor)

척추세움근(척추기립근, Elector Spinae)

주의 사항

목, 어깨 주변부의 근육들이 긴장되지 않게 주의한다.

동작 시작 전 골반은 중립을 유지하며 동작 중 허리-골반을 과하게 젖히지 않게 주의한다.

펠빅 리프트(Pelvic Lift)

1. 헤드 레스트(Head Rest)에 머리를 두고 누워 양발을 어깨 넓이로 풋바에 놓고 유지한다.

2. 복부 수축하면서 동시에 골반-허리-등 순으로 들어 올려 가슴부터 무릎까지 사선을 유지한다.

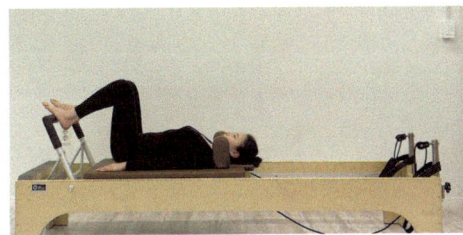 

3. 골반 높이 유지하면서 다리를 뻗어 캐리지(Carriage)를 밀어 낸다.

4. 무릎이 구부려지지 않게 주의하면서 등-허리-골반 순으로 내려온다.

목적

허리-골반 영역 안정화(Lumbo-pelvic Stability)

코어 근육 강화(Core Muscle Strengthening)

협응력 증진(Coordination Improvement)

복부-엉덩이-허리 근육의 동시 수축(Abdominal Muscle-Gluteal Muscle-Elector Spinae Co-Contraction)

척추 분절 움직임 증진(Spine Articulation Movement Improvement)

주요 효과

코어 근육(Core Muscle)

엉덩관절 폄근(Hip Extensor)

척추세움근(척추기립근, Elector Spinae)

주의 사항

목, 어깨 주변부의 근육들이 긴장되지 않게 주의한다.

동작 시작 전 골반은 중립을 유지하며 동작 중 허리-골반을 과하게 젖히지 않게 주의한다.

세미 써클(Semi Circles)

1. 헤드 레스트(Head Rest)에 머리를 두고 눕는다. 양다리는 풋바에 올려놓고 양손으로 숄더 레스트(Shoulder Rest)를 잡고 양팔을 밀어서 상체를 풋바 방향으로 쭉 밀어 낸다. 골반 전방 상태를 만들어 유지한다.

2. 복부 수축하면서 동시에 골반-허리-등 순으로 들어 올려 가슴부터 무릎까지 사선을 유지한다.

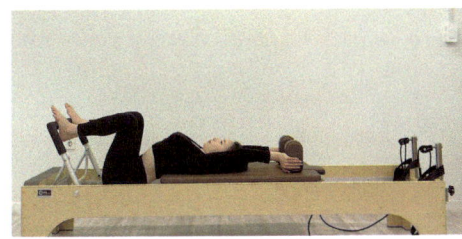 

3. 골반 높이 유지하면서 다리를 뻗어 캐리지(Carriage)를 위 방향으로 밀어 준다.

4. 등-허리-골반 순으로 척추 분절 움직임에 유의하며 시작 자세로 돌아온다.

목적

허리-골반 영역 안정화(Lumbo-pelvic Stability)

코어 근육 강화(Core Muscle Strengthening)

협응력 증진(Coordination Improvement)

복부-엉덩이-허리 근육의 동시 수축(Abdominal Muscle-Gluteal Muscle-Elector Spinae Co-Contraction)

척추 분절 움직임 증진(Spine Articulation Movement Improvement)

주요 효과

코어 근육(Core Muscle)

엉덩관절 폄근(Hip Extensor)

척추세움근(척추기립근, Elector Spinae)

주의 사항

목, 어깨 주변부의 근육들이 긴장되지 않게 주의한다.

팔꿈치를 펴 내고 어깨를 단단하게 고정할 수 있게 한다.

동작 시작 전 골반은 중립을 유지하며 동작 중 허리-골반을 과하게 젖히지 않게 주의한다.

싱글 & 더블 레그 풋 워크
(Single & Double Leg Foot Work)

1. 헤드 레스트(Head Rest)에 머리를 두고 누워 다리는 풋바에 올려 고정한다.

싱글 레그 풋 워크(Single Leg Foot Work)   **더블 레그 풋 워크(Double Leg Foot Work)**

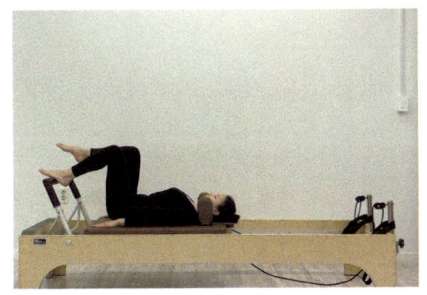 

2. 풋바에 올려 둔 다리를 뻗어 내며 캐리지(Carriage)를 위쪽 방향으로 밀어 낸 후 제자리로 돌아온다.

목적
허리-골반 영역 안정화(Lumbo-pelvic Stability)
협응력 증진(Coordination Improvement)
다리 근육 강화(Lower Muscle Strengthening)

주요 효과
엉덩관절 굽힘근(Hip Flexor), 폄근(Hip Extensor)

주의 사항
목, 어깨 주변부의 근육들이 긴장되지 않게 주의한다.
무릎을 과폄시키지 않게 주의한다.
다리를 뻗는 동안 골반 중립 자세를 유지한다.
엉덩관절 분리를 충분히 인지시킨 후 엉덩이 근육을 활성화시킨다.

응용 동작 - 다양한 발의 위치 변화

11 자 Heel Position

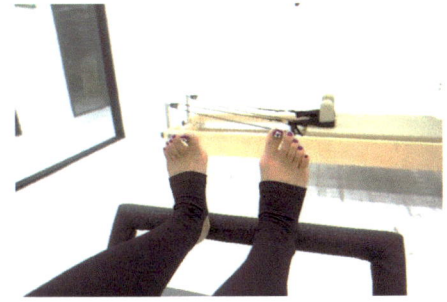

1. 어깨 넓이로 발뒤꿈치를 풋바에 두고 발끝은 몸쪽으로 당겨 준다.
엉덩관절 폄근 활성도를 높이기 위한 포지션

11 자 Toe Position

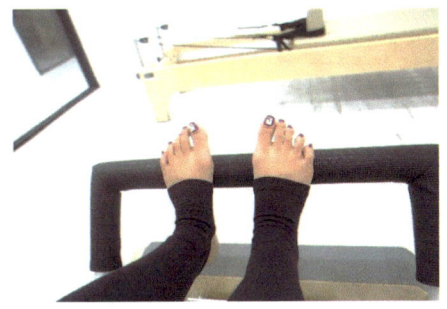

2. 어깨 넓이로 발볼 쪽에 풋바를 위치하게 고정한다.
발바닥굽힘근 활성도를 높이기 위한 포지션

Wide V Position Toe & Heel

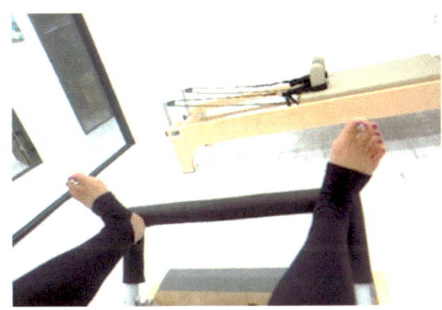

3. 풋바 모서리에 뒤꿈치를 놓고 발은 가쪽돌림시켜 발끝을 몸쪽으로 당겨 준다.
엉덩관절 폄근 및 가쪽돌림근육 활성도를 높이기 위한 포지션

V Position Toe & Heel

4. 양발을 V 자로 만들어 뒤꿈치만 붙이고 풋바에 발볼을 고정한다.
엉덩관절 모음근 및 가쪽돌림근육 활성도를 높이기 위한 포지션

레그 레이즈(Leg Raise)

1. 헤드 레스트(Head Rest)에 머리를 두고 눕는다. 양발에 스트랩(Strap)을 끼워 평행하게 천장 쪽으로 뻗어 유지한다.

2. 복부 수축하는 동시에 허리가 뜨지 않을 만큼 두 발로 스트랩(Strap)을 눌러 낸 후 제자리로 돌아온다.

목적

협응력 증진(Coordination Improvement)

코어 근육 강화(Core Muscle Strengthening)

복부 강화(Abdominal Strengthening)

주요 효과

코어 근육(Core Muscle)

복근(Abdominal Muscle)

엉덩관절 굽힘근(Hip Flexor)

주의 사항

목, 어깨 주변부의 근육들이 긴장되지 않게 주의한다.

복부에 힘을 유지하며, 다리를 움직이는 동안 허리-골반(Lumbo-Pelvic) 영역의 안정성(Stability)을 유지한다.

과도한 동작으로 인한 보상근육의 불편감이나 허리 통증을 주의한다.

레그 프레스(Leg Press)

1. 헤드 레스트(Head Rest)에 머리를 두고 눕는다. 양발에 스트랩(Strap)을 끼워 테이블 탑(Table Top) 자세를 유지한다.

레그 프레스(Leg Press)

프로그 레그(Frog Leg)

2. 복부 수축하는 동시에 양다리를 사선 방향으로 밀어 길게 뻗었다 시작 자세로 돌아온다.

11 자 스트랩(Strap)

V 자 스트랩(Strap)

목적

허리-골반 영역 안정화(Lumbo-pelvic Stability)

협응력 증진(Coordination Improvement)

복부 강화(Abdominal Strengthening)

엉덩관절 주변근육 강화(Hip Joint Muscle Strengthening)

다리 근육 강화(Lower Muscle Strengthening)

주요 효과

복근(Abdominal Muscle)

엉덩관절 굽힘근(Hip Flexor), 폄근(Hip Extensor), 모음근(Hip Adductor)

주의 사항

목, 어깨 주변부의 근육들이 긴장되지 않게 주의한다.

복부에 힘을 유지하며, 다리를 움직이는 동안 허리-골반(Lumbo-Pelvic) 영역의 안정성(Stability)을 유지한다.

과도한 동작으로 인한 보상근육의 불편감이나 허리 통증을 주의한다.

레그 써클(Leg Circle)

1. 헤드 레스트(Head Rest)에 머리를 두고 눕는다. 양발에 스트랩(Strap)을 끼워 평행하게 천장 쪽으로 뻗어 유지한다.

2. 가능한 만큼 두 다리를 양옆으로 열어 이완시켜 준다.

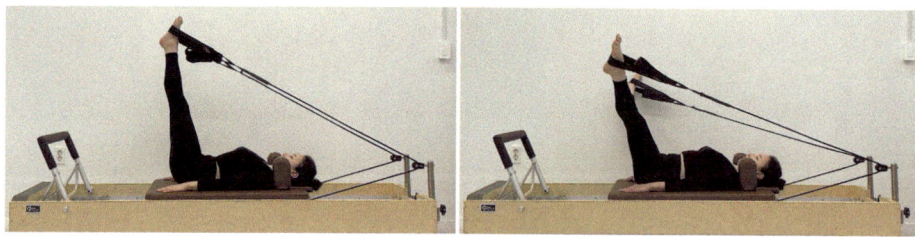

3. 허리가 뜨지 않을 만큼 두 다리로 원을 그리며 두 다리가 중앙에서 만나 시작 자세로 돌아온다.

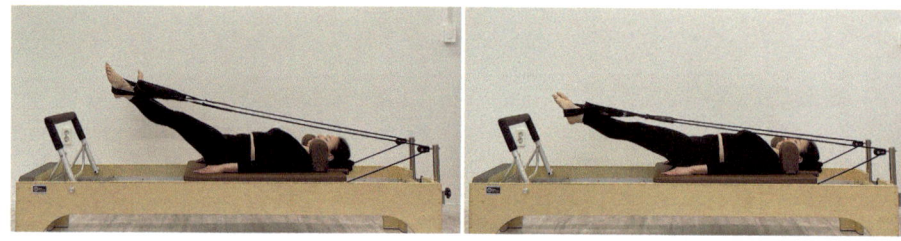

목적

엉덩관절 움직임 증진(Hip Joint Movement Improvement)

협응력 증진(Coordination Improvement)

코어 근육 강화(Core Muscle Strengthening)

주요 효과

코어 근육(Core Muscle)

엉덩관절 굽힘근(Hip Flexor), 폄근(Hip Extension), 벌림근(Hip Abductor), 엉덩관절 모음근(Hip Adductor)

주의 사항

목, 어깨 주변부의 근육들이 긴장되지 않게 주의한다.

복부에 힘을 유지하며, 다리를 뻗어 내는 동안 허리-골반(Lumbo-Pelvic) 영역의 안정성(Stability)을 유지한다.

가동 범위가 나오지 않는 경우 서서히 점진적으로 늘려 준다.

롱 스파인 롤 업(Long Spine Roll Up)

1. 헤드 레스트(Head Rest)에 머리를 두고 눕는다. 양발에 스트랩(Strap)을 끼워 천장 방향으로 길게 뻗어 준다.

2. 들이마시는 호흡에 두 다리를 살짝 내렸다가 마시는 호흡에 양손으로 캐리지를 눌러 내면서 두 다리를 머리를 향해 위로 넘겨 준다.

3. 척추를 하나하나 말아 올라갔다가, 다시 호흡과 함께 반대로 척추를 매트에 도장 찍듯이 분절하며 시작 자세로 돌아온다.

목적

척추 스트레칭(Spine Stretching)

척추 분절 운동(Spine Articulation Exercise)

코어 근육 강화(Core Muscle Strengthening)

협응력 증진(Coordination Improvement)

복부 강화(Abdominal Strengthening)

주요 효과

코어 근육(Core Muscle)

복근(Abdominal Muscle)

어깨 안정화근(Scapular Stabilizers)

엉덩관절 굽힘근(Hip Flexor), 폄근(Hip Extensor)

주의 사항

반동을 써서 과도하게 움직이지 않게 주의한다.

목, 어깨 주변부의 근육들이 긴장되지 않게 주의한다.

롤 다운(Roll Down)

1. 캐리지(Carriage)/숏 박스(Short Box) 위에 앉아 발목을 스트랩(Strap)에 건 채 척추를 바로 세우고 양손은 앞쪽으로 길게 뻗어 준다.

2. 복부 수축하면서 동시에 롤 다운시켜 내려갔다 제자리로 돌아온다.

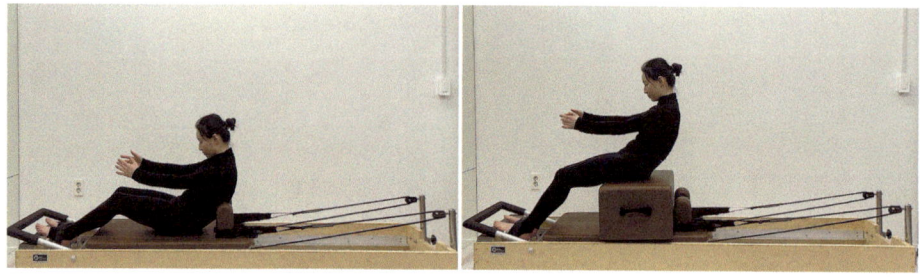

목적
코어 근육 강화(Core Muscle Strengthening)
협응력 증진(Coordination Improvement)
척추 분절 움직임 증진(Spine Articulation Movement Improvement)
골반 움직임 증진(Pelvic Movement Improvement)
허리-골반 영역 안정화(Lumbo-pelvic Stability)

주요 효과
코어 근육(Core Muscle)
복근(Abdominal Muscle)

주의 사항
목, 어깨 주변부의 근육들이 긴장되지 않게 주의한다.
머리-목-등 순으로 순차적으로 움직임이 나올 수 있게 유도한다.
특정 분절의 과운동성이나 저운동성에 주의한다.

암 워크(Arm Work)
- 엘보 플렉션(Elbow Flexion)

암 워크(앉은 자세, Sitting Position)의 응용 동작으로, 팔꿈관절 굽힘근을 발달시키는 데 효과적이다.

1. 롱 박스(Long Box) 위에 (반무릎 자세로) 라이져 방향을 보고 앉아 양손은 스트랩(Strap)을 잡고 척추 세워 유지한다.

앉은 자세(Sitting Position) **반무릎 자세(Half Kneeling Position)**

2. 복부 수축시키는 동시에 팔꿈치를 구부려 스트랩(Strap)을 당겨 낸 후 제자리로 돌아온다.

목적
어깨 안정화(Shoulder Stability)
어깨관절 강화 운동(Shoulder Muscle Strengthening)
협응력 증진(Coordination Improvement)
허리-골반 영역 안정화(Lumbo-pelvic Stability)
팔 근육 강화(Upper Muscle Strengthening)

주요 효과
어깨관절 굽힘근(Shoulder Flexor)
팔꿈관절 굽힘근(Elbow Flexor)

주의 사항
저항을 유지하며 서서히 돌아온다.
목, 어깨 주변부의 근육들이 긴장되지 않게 주의한다.
복부에 힘을 유지하며, 팔을 움직이는 동안 허리-골반(Lumbo-Pelvic) 영역의 안정성(Stability)을 유지한다.

암 워크(Arm Work)
- 숄더 익스텐션(Shoulder Extension)

암 워크(앉은 자세, Sitting Position)의 응용 동작으로, 어깨관절 폄근을 발달시키는 데 효과적이다.

1. 롱 박스(Long Box) 위에 (반무릎 자세로) 라이져 방향을 보고 앉아 양손은 스트랩(Strap)을 잡고 척추 세워 유지한다.

앉은 자세(Sitting Position)　　　반무릎 자세(Half Kneeling Position)

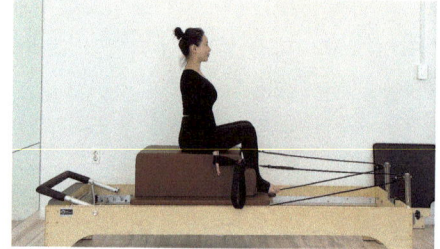 

2. 복부 수축시키는 동시에 팔꿈치가 구부려지지 않게 스트랩(Strap)을 당겨 낸 후 제자리로 돌아온다.

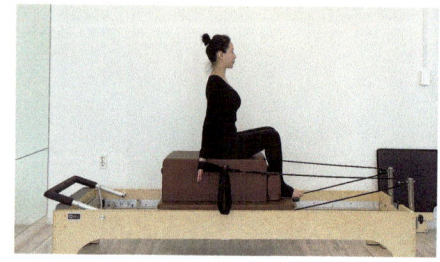 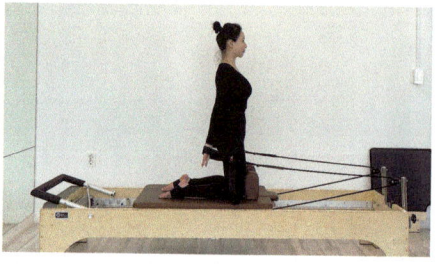

목적
어깨 안정화(Shoulder Stability)
어깨관절 강화 운동(Shoulder Muscle Strengthening)
협응력 증진(Coordination Improvement)
허리-골반 영역 안정화(Lumbo-pelvic Stability)
팔 근육 강화(Upper Muscle Strengthening)

주요 효과
어깨관절 폄근(Shoulder Extensor)
팔꿉관절 폄근(Elbow Extensor)

주의 사항
목, 어깨 주변부의 근육들이 긴장되지 않게 주의한다.
복부에 힘을 유지하며, 팔을 움직이는 동안 허리-골반(Lumbo-Pelvic) 영역의 안정성(Stability)을 유지한다.
위팔뼈 머리가 과하게 돌출되지 않게 주의한다.

암 워크(Arm Work)
- 레터럴 로테이션(Shoulder Lateral Rotation)

암 워크(앉은 자세, Sitting Position)의 응용 동작으로, 어깨관절 가쪽돌림근을 발달시키는 데 효과적이다.

1. 롱 박스(Long Box) 위에 (반무릎 자세로) 라이져 방향을 보고 앉는다. 양손은 스트랩(Strap)을 교차시켜 엄지손가락을 바깥 방향으로 향하게 잡고 척추를 세워 유지한다.

앉은 자세(Sitting Position) **반무릎 자세(Half Kneeling Position)**

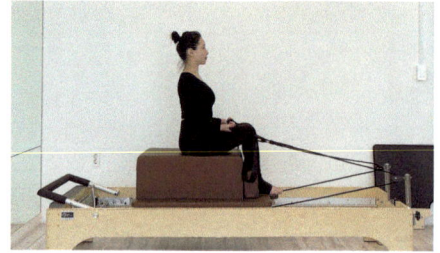 

2. 팔꿈치 90° 유지하며 어깨관절을 가쪽돌림시킨 후 제자리로 돌아온다.

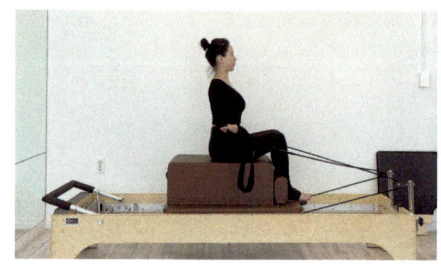 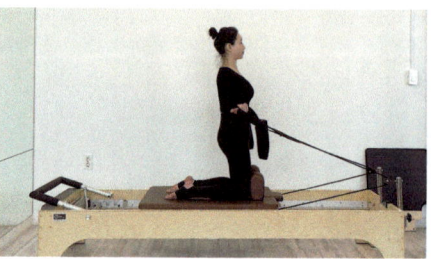

목적
어깨 안정화(Shoulder Stability)
어깨관절 강화 운동(Shoulder Muscle Strengthening)
협응력 증진(Coordination Improvement)
허리-골반 영역 안정화(Lumbo-pelvic Stability)
팔 근육 강화(Upper Muscle Strengthening)

주요 효과
어깨관절 가쪽돌림근(Shoulder Lateral Rotator)

주의 사항
목, 어깨 주변부의 근육들이 긴장되지 않게 주의한다.
복부에 힘을 유지하며, 팔을 움직이는 동안 허리-골반(Lumbo-Pelvic) 영역의 안정성(Stability)을 유지한다.
위팔뼈 머리가 과하게 돌출되지 않게 주의한다.

암 워크(Arm Work)
- 쟁반 나르기(Serve a Tray)

암 워크(앉은 자세, Sitting Position)의 응용 동작으로, 어깨관절 굽힘근을 발달시키는 데 효과적이다.

1. 롱 박스(Long Box) 위에 (반무릎 자세로) 풋바 방향을 보고 앉아 양손에 스트랩(Strap)을 끼우고 척추를 길게 세워 준다.

앉은 자세(Sitting Position) **반무릎 자세(Half Kneeling Position)**

2. 몸통이 흔들리지 않게 균형을 유지하며 쟁반을 나른다는 느낌으로 팔꿈치를 펴 내며 천천히 양손을 밀어 낸 후 서서히 제자리로 돌아온다.

목적
어깨 안정화(Shoulder Stability)
어깨관절 강화 운동(Shoulder Muscle Strengthening)
협응력 증진(Coordination Improvement)
허리-골반 영역 안정화(Lumbo-pelvic Stability)
팔 근육 강화(Upper Muscle Strengthening)

주요 효과
어깨관절 굽힘근(Shoulder Flexor)

주의 사항
저항을 유지하며 서서히 돌아온다.
목, 어깨 주변부의 근육들이 긴장되지 않게 주의한다.
복부에 힘을 유지하며, 팔을 움직이는 동안 허리-골반(Lumbo-Pelvic) 영역의 안정성(Stability)을 유지한다.

암 워크(Arm Work)
- 허그 어 트리(Hug a Tree)

암 워크(앉은 자세, Sitting Position)의 응용 동작으로, 어깨관절 수평모음근을 발달시키는 데 효과적이다.

1. 롱 박스(Long Box) 위에 (반무릎 자세로) 풋바 방향을 보고 앉아 양손에 스트랩(Strap)을 끼워 양팔 열어 주고, 척추는 길게 세워 준다.

앉은 자세(Sitting Position) **반무릎 자세(Half Kneeling Position)**

2. 팔꿈치를 약간 구부려 큰 통나무를 안는다는 느낌으로 손끝이 만났다가 서서히 제자리로 돌아온다.

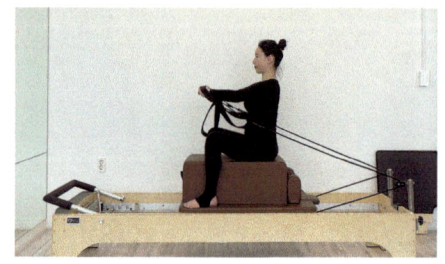 

목적
어깨 안정화(Shoulder Stability)
어깨관절 강화 운동(Shoulder Muscle Strengthening)
협응력 증진(Coordination Improvement)
허리-골반 영역 안정화(Lumbo-pelvic Stability)
팔 근육 강화(Upper Muscle Strengthening)

주요 효과
어깨관절 수평모음근(Shoulder Horizontal Abductor)

주의 사항
저항을 유지하며 서서히 돌아온다.
목, 어깨 주변부의 근육들이 긴장되지 않게 주의한다.
복부에 힘을 유지하며, 팔을 움직이는 동안 허리-골반(Lumbo-Pelvic) 영역의 안정성(Stability)을 유지한다.

암 워크(Arm Work)
- 트라이셉스 익스텐션(Triceps Extension)

암 워크(앉은 자세, Sitting Position)의 응용 동작으로, 위팔세갈래근을 발달시키는 데 효과적이다.

1. 롱 박스(Long Box) 위에 (반무릎 자세로) 풋바 방향을 보고 앉아 양손에 스트랩(Strap)을 끼워 상체를 45°로 기울인 채 양손을 머리 위로 가져가 유지한다.

앉은 자세(Sitting Position)  반무릎 자세(Half Kneeling Position)

2. 몸통은 사선 방향으로 유지하면서 양손 스트랩(Strap)을 정수리 방향으로 길게 밀어 낸 후 서서히 제자리로 돌아온다.

목적
어깨 안정화(Shoulder Stability)
어깨관절 강화 운동(Shoulder Muscle Strengthening)
협응력 증진(Coordination Improvement)
허리-골반 영역 안정화(Lumbo-pelvic Stability)
팔 근육 강화(Upper Muscle Strengthening)

주요 효과
팔꿈관절 폄근(Elbow Extensor)

주의 사항
저항을 유지하며 서서히 돌아온다.
목, 어깨 주변부의 근육들이 긴장되지 않게 주의한다.
복부에 긴장을 유지하며, 팔을 움직이는 동안 허리-골반(Lumbo-Pelvic) 영역의 안정성(Stability)을 유지한다.

암 워크(Arm Work)
- 드로우 어 소드(Draw A Sword)

암 워크(앉은 자세, Sitting Position)의 응용 동작으로, 어깨관절 주변 근육을 발달시키는 데 효과적이다.

1. 롱 박스(Long Box) 측면에 (반무릎 자세로) 앉아 라이져 쪽 팔은 골반을 잡고, 반대쪽 팔은 몸통 앞으로 스트랩(Strap)을 잡아 척추 세워 유지한다.

앉은 자세(Sitting Position)   반무릎 자세(Half Kneeling Position)

 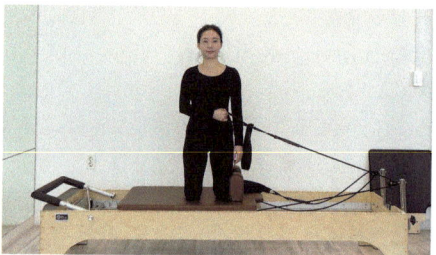

2. 사선 방향으로 칼집에서 칼을 꺼낸다는 느낌으로 스트랩(Strap)을 당겨 뻗어 냈다가 서서히 제자리로 돌아온다.

목적

어깨 안정화(Shoulder Stability)

어깨관절 강화 운동(Shoulder Muscle Strengthening)

협응력 증진(Coordination Improvement)

허리-골반 영역 안정화(Lumbo-pelvic Stability)

팔 근육 강화(Upper Muscle Strengthening)

주요 효과

어깨관절 굽힘근(Shoulder Flexor), 벌림근(Shoulder Abductor), 가쪽돌림근(Shoulder Lateral Rotator)

주의 사항

목, 어깨 주변부의 근육들이 긴장되지 않게 주의한다.

복부에 긴장을 유지하며, 팔을 움직이는 동안 허리-골반(Lumbo-Pelvic) 영역의 안정성(Stability)을 유지한다.

사이드 밴드(Side Band)

1. 숏 박스(Short Box)에 앉아 한쪽 발은 풋바 쪽 스트랩에 걸어 발끝을 당겨 주고 반대쪽 다리는 양반 자세나 박스 아래로 내려놓는다.

2. 풋바 쪽 발뒤꿈치를 밀어 내며, 복부를 수축하는 동시에 서서히 가쪽굽힘시켜 중립까지 내려간다.

3. 마시는 숨에 옆구리를 서서히 늘리며 아래로 내려갔다가 내쉬는 숨에 서서히 올라와 다시 중립 자세를 만들어 준다.

응용 동작 - 팔의 위치 변화

팔의 위치에 따른 응용 동작

우드 스틱을 이용한 응용 동작

목적
몸통 근육 강화(Trunk Muscle Stretching)
허리-골반 영역 안정화(Lumbo-pelvic Stability)
코어 근육 강화(Core Muscle Strengthening)
협응력 증진(Coordination Improvement)

주요 효과
코어 근육(Core Muscle)
몸통 가쪽굽힘근(Trunk Lateral Flexor Muscle)

주의 사항
신체의 올바른 정렬을 인식하고, 균형을 잡는 것이 중요하다.
복부의 긴장을 유지하며, 동작 동안 허리-골반(Lumbo-Pelvic) 영역의 안정성(Stability)을 유지한다.

암 워크(Arm Work)
- 풀링 스트랩(Pulling Straps)

암 워크(엎드린 자세, Prone Position)의 응용 동작으로, 척추기립근과 위팔세갈래근을 발달시키는 데 효과적이다.

1. 머리를 라이져 방향으로 롱 박스(Long Box)에 엎드린 채 양손은 스트랩(Strap)을 잡아 유지한다.

숄더 익스텐션(Shoulder Extension) **엘보 익스텐션(Elbow Extension)**

 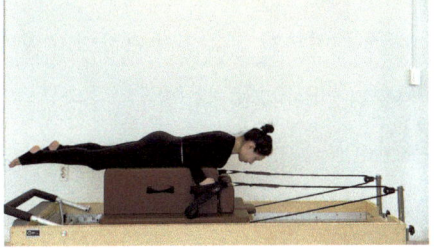

2. 복부 수축하는 동시에 양손 스트랩(Strap)을 골반 측면부까지 당겨 온다. 이때 머리에서부터 발끝까지 활 모양을 만들어 유지한다.

목적

어깨 안정화(Shoulder Stability)

어깨관절 강화 운동(Shoulder Muscle Strengthening)

협응력 증진(Coordination Improvement)

허리-골반 영역 안정화(Lumbo-pelvic Stability)

팔 근육 강화(Upper Muscle Strengthening)

몸통 폄근 강화(Trunk Extensor Strengthening)

주요 효과

몸통 폄근(Trunk Extensor)

어깨관절 폄근(Shoulder Joint Extensor)

엉덩관절 폄근(Hip Joint Extensor)

주의 사항

목, 어깨 주변부의 근육들이 긴장되지 않게 주의한다.

복부에 긴장을 유지하며, 팔을 움직이는 동안 허리-골반(Lumbo-Pelvic) 영역의 안정성(Stability)을 유지한다.

암 워크(Arm Work)
- 숄더 프레스(Shoulder Press)

암 워크(엎드린 자세, Prone Position)의 응용 동작으로, 어깨 주변부 근육을 발달시키는 데 효과적이다.

1. 머리를 풋바 방향으로 롱 박스(Long Box)에 엎드린 채 양손은 어깨 넓이로 풋바를 잡아 유지한다.

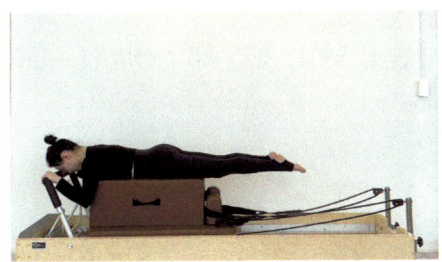

2. 복부 수축하는 동시에 양손을 밀어 내며 머리에서부터 발끝까지 일직선을 만들어 준다.

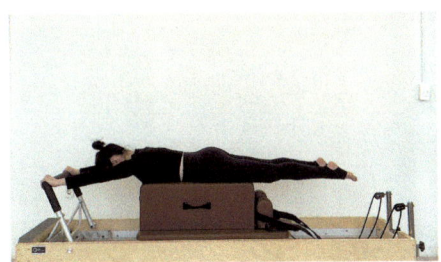

목적

어깨 안정화(Shoulder Stability)

어깨관절 강화 운동(Shoulder Muscle Strengthening)

협응력 증진(Coordination Improvement)

허리-골반 영역 안정화(Lumbo-pelvic Stability)

팔 근육 강화(Upper Muscle Strengthening)

주요 효과

어깨관절 굽힘근(Shoulder Flexor), 벌림근(Shoulder Abductor)

팔꿉관절 굽힘근(Elbow Flexor), 폄근(Elbow Extensor)

주의 사항

Cervical, Scapular 주변부의 근육들이 긴장되지 않게 주의한다.

복부에 힘을 유지하며, 팔을 움직이는 동안 허리-골반(Lumbo-Pelvic) 영역의 안정성(Stability)을 유지한다.

스완(Swan)

1. 머리를 풋바 방향으로 롱 박스(Long Box)에 엎드린 채 양손은 어깨 넓이로 풋바를 잡아 유지한다.

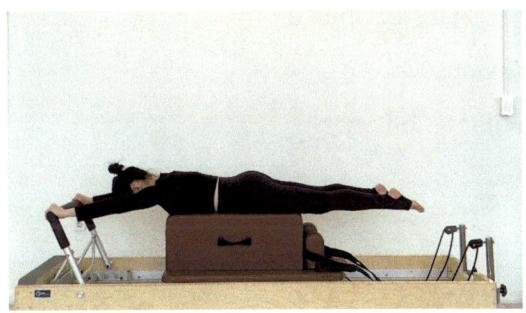

2. 복부 수축하며 허리-골반을 안정화시킨 후 양손으로 풋바를 가볍게 누르며 캐리지(Carriage)를 당겨 와 상체 일으킨다.

목적
몸통 굽힘근 스트레칭(Trunk Flexor Stretching)
몸통 폄근 강화(Trunk Extensor Strengthening)
코어 근육 강화(Core Muscle Strengthening)
협응력 증진(Coordination Improvement)

주요 효과
코어 근육(Core Muscle)
척추세움근(척추기립근, Elector Spinae)
엉덩관절 폄근(Hip Extensor)
어깨 안정화근(Scapular Stabilizers)

주의 사항
목, 어깨 주변부의 근육들이 긴장되지 않게 주의한다.
특정 분절의 과운동성이나 저운동성이 나타나지 않게 주의한다.

힙 업(Hip Up)

1. 머리를 풋바 쪽으로 놓고 롱 박스(Long Box)에 엎드린다. 양손은 풋바를 잡고, 양다리는 니 밴딩(Knee Bending)시킨 후 발을 가쪽돌림시켜 뒤꿈치만 닿게 유지한다.

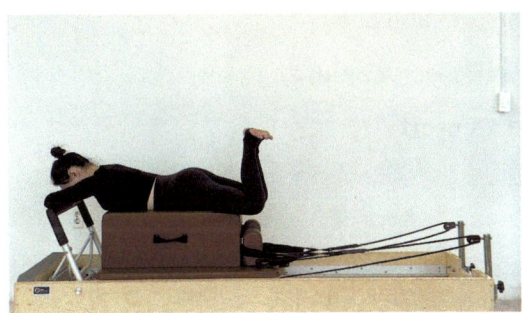

2. 복부와 엉덩이를 수축하는 동시에 발바닥을 천장 쪽으로 밀어 낸다.

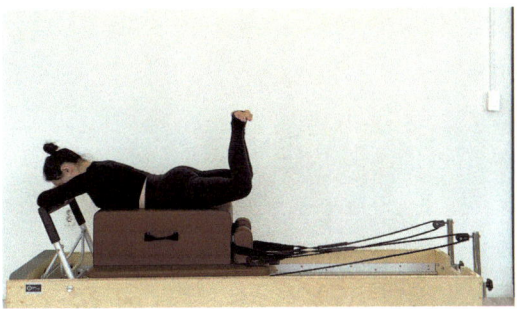

목적
몸통 폄근 강화(Trunk Extensor Strengthening)
엉덩관절 폄근 강화(Hip Extensor Strengthening)
코어 근육 강화(Core Muscle Strengthening)
협응력 증진(Coordination Improvement)

주요 효과
코어 근육(Core Muscle)
어깨 안정화근(Scapular Stabilizers)
척추세움근(척추기립근, Elector Spinae)
엉덩관절 폄근(Hip Extensor)

주의 사항
목, 어깨 주변부의 근육들이 긴장되지 않게 주의한다.
척추 정렬과 사지의 정렬이 무너지지 않게 주의한다.
허리가 과젖힘되지 않게 골반 중립 자세를 유지할 수 있을 만큼 다리를 들어 올린다.

플랭크(Plank)

1. 머리를 풋바 방향으로 네발기기 자세(4Point Kneeling position)로 양쪽 팔꿈치를 구부려 숏 박스(Short Box)에 두고 양발은 숄더 레스트(Shoulder Rest)에 고정한다.

베이직 플랭크(Basic Plank) **어드밴스 플랭크(Advanced Plank)**

2. 복부 수축하는 동시에 무릎을 편다. 캐리지(Carriage)를 밀어 내며 머리에서부터 발끝까지 일직선으로 유지한다.

목적

허리-골반 영역 안정화(Lumbo-pelvic Stability)

코어 근육 강화(Core Muscle Strengthening)

협응력 증진(Coordination Improvement)

복부-엉덩이-허리 근육의 동시 수축(Abdominal Muscle-Gluteal Muscle-Elector Spinae Co-Contraction)

주요 효과

코어 근육(Core Muscle)

복근(Abdominal Muscle)

어깨 안정화근(Scapular Stabilizers)

몸통 안정화 근육(Trunk Stabilizers)

주의 사항

지지하는 팔이 무너지거나 목이 과도하게 긴장되지 않도록 밀어 내는 힘을 유지한다.

척추 정렬이 무너지지 않게 주의한다.

복부에 긴장을 유지하며, 몸통과 엉덩이가 일직선이 되도록 유지한다.

엘리펀트(Elephant)

1. 머리를 풋바 방향으로 두고 양손은 어깨 넓이로 풋바를 잡은 채 뒤꿈치는 숄더 레스트(Shoulder Rest)에 고정한다. 이때 척추는 플랫(라운드)하게 유지한다.

플랫 백(Flat Back)   **라운드 백(Round Back)**

2. 복부 수축하는 동시에 뒤꿈치가 뜨지 않게 캐리지(Carriage)를 밀어 냈다가 제자리로 돌아온다.

목적
허리-골반 영역 안정화(Lumbo-pelvic Stability)
코어 근육 강화(Core Muscle Strengthening)
협응력 증진(Coordination Improvement)
복부-엉덩이-허리 근육의 동시 수축(Abdominal Muscle-Gluteal Muscle-Elector Spinae Co-Contraction)

주요 효과
코어 근육(Core Muscle)
복근(Abdominal Muscle)
어깨 안정화근(Scapular Stabilizers)
몸통 안정화 근육(Trunk Stabilizers)

주의 사항
지지하는 팔이 무너지거나 목이 과도하게 긴장되지 않도록 밀어 내는 힘을 유지한다.
척추 정렬이 무너지지 않게 주의한다.
복부에 긴장을 유지하며, 몸통과 엉덩이가 일직선이 되도록 유지한다.

트위스트(Twist)

1. 머리를 라이져 방향으로 둔 채 한 손은 숄더 레스트(Shoulder Rest)에 위치시키고, 다른 한 손은 캐리지(Carriage)의 아래 모서리를 잡는다. 양발을 교차시켜 풋바 모서리에 고정하고 골반을 천장 쪽으로 끌어올려 유지한다.

2. 복부 수축하는 동시에 캐리지(Carriage)를 밀어 내며 머리에서부터 발끝까지 일직선이 될 때까지 내려간다.

3. 2번 자세에서 골반을 수직으로 더 눌러 척추를 폄시킨다.

목적
허리-골반 영역 안정화(Lumbo-pelvic Stability)
코어 근육 강화(Core Muscle Strengthening)
협응력 증진(Coordination Improvement)
복부-엉덩이-허리 근육의 동시 수축(Abdominal Muscle-Gluteal Muscle-Elector Spinae Co-Contraction)

주요 효과
코어 근육(Core Muscle)
복근(Abdominal Muscle)
어깨 안정화근(Scapular Stabilizers)
몸통 안정화 근육(Trunk Stabilizers)

주의 사항
지지하는 팔이 무너지거나 목이 과도하게 긴장되지 않도록 밀어 내는 힘을 유지한다.
척추 정렬이 무너지지 않게 주의한다.
복부에 긴장을 유지하며, 몸통과 엉덩이가 일직선이 되도록 유지한다.

스플릿(Splits)

1. 리포머 측면을 바라보며 한쪽 발은 스탠딩 플랫폼, 반대쪽 발은 캐리지(Carriage)에 둔 채 두 다리 균형 잡아 유지한다.

2. 척추 중앙선 유지하면서 캐리지 쪽 다리를 스트레칭하듯이 밀어 낸 후 두 다리를 동일하게 지퍼 끌어 올린다는 느낌으로 모음근을 사용해 당겨 온다.

3. 두 다리 동일하게 무게중심을 유지하며 스쿼트를 진행한다.

4. 3번 자세를 유지하며 캐리지(Carriage)를 옆으로 밀어 낸 후 제자리로 돌아온다.

목적
다리 근육 강화(Lower Muscle Strengthening)
허리-골반 영역 안정화(Lumbo-pelvic Stability)
협응력 증진(Coordination Improvement)
코어 근육 강화(Core Muscle Strengthening)

주요 효과
코어 근육(Core Muscle)
몸통 안정화 근육(Trunk Stabilizers)
엉덩관절 모음근(Hip Adductor), 벌림근(Hip Abductor)

주의 사항
스프링 강도를 적절하게 조절하여 벌림, 모음 동작 시 갑작스러운 벌림으로 인한 부상에 주의한다.
과도한 움직임으로 인한 사고에 주의한다.

싱글 & 더블 레그 풋 플레이트
(Single & Double Leg Foot Plate)

1. 머리를 헤드 레스트(Head Rest)에 두고 누워 한 발은 테이블 탑(Table Top), 발볼은 풋 플레이트(Foot Plate)에 올려 둔다.

싱글 레그 풋 플레이트(Single Leg Foot Plate)

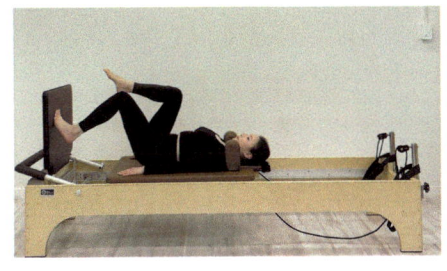

더블 레그 풋 플레이트(Double Leg Foot Plate)

2. 복부 수축하며 Plate 밀어 내는 동시에 점프한 후 발볼이 풋 플레이트(Foot Plate)에 닿으면 무릎을 구부려 제자리로 돌아온다(반복).

목적

허리-골반 영역 안정화(Lumbo-pelvic Stability)

협응력 증진(Coordination Improvement)

코어 근육 강화(Core Muscle Strengthening)

복부-엉덩이-허리 근육의 동시 수축(Abdominal Muscle-Gluteal Muscle-Elector Spinae Co-Contraction)

다리 근육 강화(Lower Muscle Strengthening)

주요 효과

코어 근육(Core Muscle)

몸통 안정화 근육(Trunk Stabilizers)

엉덩관절 폄근(Hip Extensor)

주의 사항

동작 시작 전 골반은 중립을 유지하며 동작 중 허리만 과하게 젖히지 않게 주의한다. 점프 시 허리가 바닥에서 뜨지 않게 복부의 힘을 유지한다.

응용 동작 - 다양한 발의 위치 변화

11 자 Position

V 자 Position

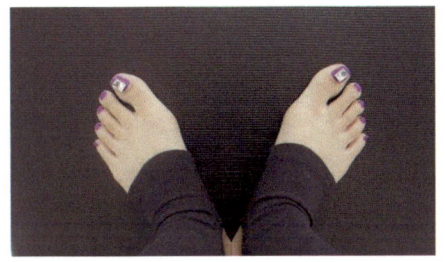

1. 양발 앞, 뒤꿈치를 나란히 모은 상태로 평행하게 점핑보드에 놓는다.
   엉덩관절 폄근 및 코어 근육 활성도를 높이기 위한 포지션

2. 양발을 V 자로 만들고 뒤꿈치만 붙여 점핑보드에 놓는다.
   엉덩관절 모음근 및 가쪽돌림근육 활성도를 높이기 위한 포지션

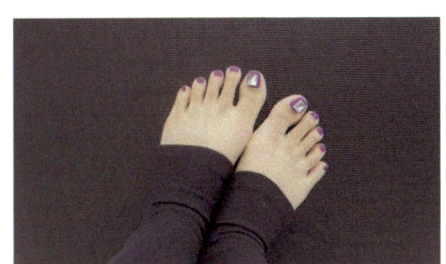

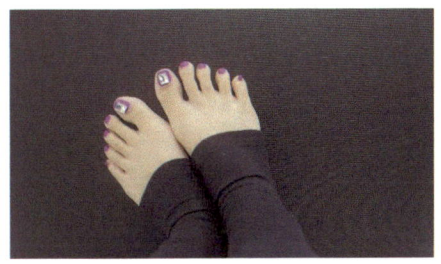

3. 양발 앞, 뒤꿈치를 나란히 모은 상태로 오른쪽으로 비스듬하게 점핑보드에 놓는다.
   배바깥빗근, 속빗근 활성도를 높이기 위한 포지션

4. 양발 앞, 뒤꿈치를 나란히 모은 상태로 왼쪽으로 비스듬하게 점핑보드에 놓는다.
   배바깥빗근, 속빗근 활성도를 높이기 위한 포지션

6.

캐딜락 필라테스
CADILLAC PILATES

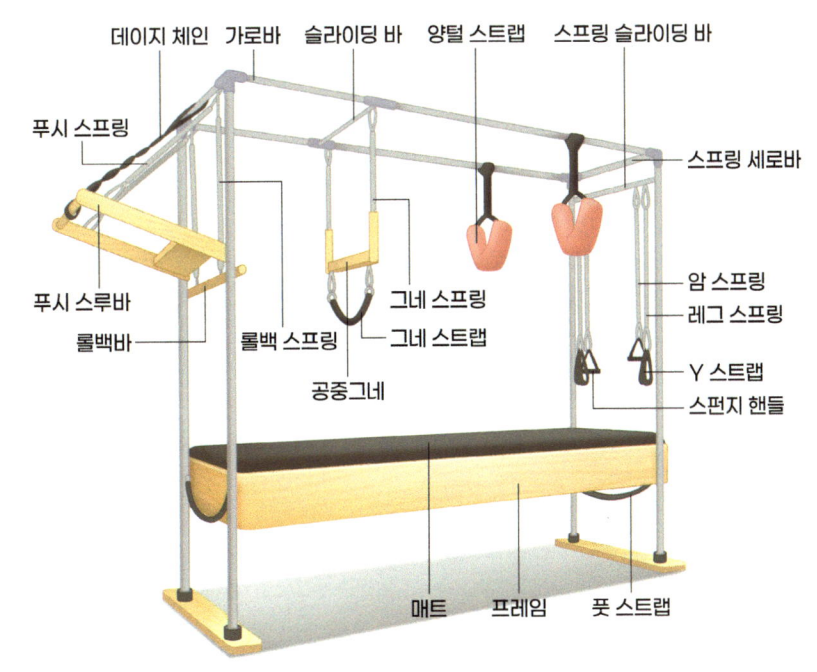

◆ 캐딜락의 구조와 명칭 ◆

조셉 필라테스가 환자들을 위해 침대를 모티브로 재활 치료와 근력 및
유연성 강화를 위해 고안해 낸 기구로, 캐딜락 또는 트라페즈 테이블이라는 명칭을 가지고 있다.
수직 슬라이드바, 롤다운바 등이 위치하고 있는 오픈엔드 방향과
푸시스루바가 위치하고 있는 타워엔드 방향으로 구성되어 있다.

개개인의 신체와 체력, 인지에 따라 조절이 가능하며 운동하고자 하는
부위의 기능 향상에 탁월하다.

암 풀 다운(Arm Pull Down)

1. 캐딜락 시트 끝에 걸터앉아 손바닥 면이 몸통 방향으로 향하게 푸시스루바를 잡고, 척추-골반은 중립을 유지한다.

원 암 풀 다운(One Arm Pull Down)

더블 암 풀 다운(Double Arm Pull Down)

2. 척추-골반 정렬 유지하며 어깨뼈를 내림시키는 동시에 푸시스루바를 끌어 내린다.

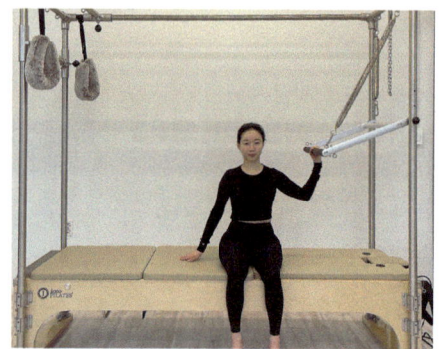

목적

허리-골반 영역 안정화(Lumbo-pelvic Stability)

등허리 근막 활성화(Lumbodorsal Fascia Activation)

어깨가슴관절 움직임 증진(Scapulothoracic Joint Movement Improvement)

어깨관절 강화(Shoulder Strengthening)

주요 효과

코어 근육(Core Muscle)

어깨가슴관절 올림근(Elevator), 내림근(Depressor), 위쪽돌림근(Upward Rotator), 아래쪽돌림근(Downward Rotator)

어깨관절 벌림근(Shoulder Abductor), 모음근(Shoulder Adductor)

주의 사항

목, 어깨 주변부의 근육들이 긴장되지 않게 주의한다.

골반 중립 자세를 유지하고, 보상작용에 의해 몸이 기울어지지 않게 주의하며 정확한 어깨의 움직임을 인지시켜 준다.

머메이드(Mermaid)

1. 캐딜락 측면에 걸터앉아 척추 정렬 맞춰 준다. 한 손은 푸시스루바를 잡고, 반대쪽 팔은 측면으로 길게 뻗어 낸다.

2. 푸시스루바를 잡은 팔을 천천히 밀어 내는 동시에 몸통을 가쪽굽힘시키며 내려간다. 이때 스트레칭이 되는 쪽 골반이 뜨지 않게 주의한다.

<응용 동작> 머메이드 위드 로테이션(Mermaid with Rotation)

양손으로 푸시스루바를 잡아 골반이 따라오지 않게 눌러 내고, 푸시스루바를 위쪽 또는 아래쪽으로 밀어 낸다.

<응용 동작> 앉은 자세(Sitting Position)

안쪽 다리는 가쪽돌림, 바깥쪽 다리는 안쪽돌림 또는 안쪽 다리는 안쪽돌림, 바깥쪽 다리는 가쪽돌림시켜 스트레칭시킬 분절에 변화를 줄 수 있다.

목적
어깨관절 스트레칭(Shoulder Stretching)
척추 스트레칭(Spine Stretching)
척추 분절 움직임 증진(Spine Articulation Movement Improvement)

주요 효과
등 신전근 스트레칭(Back Extensor Muscle Stretching)
몸통 가쪽굽힘근 스트레칭(Trunk Lateral Flexor Stretching)
어깨관절 폄근(Shoulder Extensor), 모음근(Shoulder Adductor) 스트레칭

주의 사항
특정 분절의 과운동성이나 저운동성이 나타나지 않게 주의한다.
측면부 스트레칭 시 체간이 무너지지 않게 주의한다.
골반이나 다리에 보상성 변화가 나타나지 않게 주의한다.
가동 범위(ROM)가 제한될 시 서서히 늘려 준다.

스케퓰라 아이솔레이션 - 올림&내림
(Scapula Isolation - Elevation & Depression)

1. 타워엔드 방향 쪽으로 바로 앉아 척추를 길게 세워 주고, 양손은 위로 길게 뻗어 푸시스루바를 잡은 채 양다리는 넓게 열어 준다.

2. 어깨뼈를 위쪽 방향으로 밀어 올린다는 느낌으로 푸시스루바를 밀어 올려 준다.

3. 어깨뼈를 아래 방향으로 끌어 내린다는 느낌으로 푸시스루바를 당겨 내려 준다.

목적
어깨가슴관절의 움직임 증진(Scapulothoracic Joint Movement Improvement)
어깨가슴관절의 움직임 인지(Scapulothoracic Joint Cognitive Movement)

주요 효과
어깨가슴관절 올림 근육(Scapular Elevator)
어깨가슴관절 내림 근육(Scapular Depressor)

주의 사항
목, 어깨 주변부의 근육들이 긴장되지 않게 주의한다.
복부에 긴장을 유지하며, 갈비뼈 하부가 과하게 돌출되지 않게 유의한다.
척추의 과굽힘이나 젖힘 등 보상작용을 주의하며 정확한 어깨의 움직임을 인지시켜 준다.

스케퓰라 아이솔레이션 - 내밈&들임
(Scapula Isolation - Protraction & Retraction)

1. 타워엔드 방향 쪽으로 바로 앉아 척추를 길게 세워 주고, 양손은 앞으로 길게 뻗어 푸시스루바를 잡은 채 양다리는 넓게 열어 준다.

2. 어깨뼈를 앞으로 내밈시킨다.

3. 반대로 어깨뼈를 뒤쪽으로 당김시킨다.

목적
어깨가슴관절의 움직임 증진(Scapulothoracic Joint Movement Improvement)
어깨가슴관절의 움직임 인지(Scapulothoracic Joint Cognitive Movement)

주요 효과
어깨가슴관절 내밈 근육(Scapular Protractor)
어깨가슴관절 들임 근육(Scapular Retractor)

주의 사항
목, 어깨 주변부의 근육들이 긴장되지 않게 주의한다.
복부에 긴장을 유지하며, 갈비뼈 하부가 과하게 돌출되지 않게 유의한다.
척추의 과굽힘이나 젖힘 등 보상작용을 주의하며 정확한 어깨의 움직임을 인지시켜 준다.

스파인 스트레칭(Spine Stretching)

1. 타워엔드 방향을 보고 바로 앉아 양 무릎은 곧게 펴 발바닥을 수직바에 위치시키고, 양손은 앞으로 길게 뻗어 푸시스루바를 잡는다. 이때 척추-골반은 중립을 유지한다.

2. 턱을 가슴 쪽으로 당겨 복부를 수축하는 동시에 양손으로 푸시스루바를 밀어 내며 목-등-허리 순으로 분절에 따라 순차적으로 몸통을 굽힘시키며 내려간다.

3. 올라올 때는 반대로 허리-등-목 순으로 세워 제자리로 돌아온다.

목적
척추 스트레칭(Spine Stretching)
척추 분절 움직임 증진(Spine Articulation Movement Improvement)
다리 스트레칭(Leg Stretching)

주요 효과
몸통 굽힘근 스트레칭(Trunk Flexor Stretching)
몸통 폄근 스트레칭(Trunk Extensor Stretching)
무릎관절 굽힘근 스트레칭(Hip Flexor Stretching)

주의 사항
머리-목-등 순으로 순차적으로 움직임이 나올 수 있게 유도한다.
특정 분절의 과운동성이나 저운동성이 나타나지 않게 주의한다.
골반이나 다리 정렬의 변화가 나타나지 않게 주의한다.
가동 범위(ROM)가 제한될 시 서서히 늘려 준다.

스파인 트위스트(Spine Twist)

1. 타워엔드 방향을 바라본 채 사선으로 길게 앉는다. 양 무릎은 곧게 펴 발바닥을 수직바에 위치시키고, 양손은 앞으로 길게 뻗어 푸시스루바를 잡는다. 이때 척추-골반은 중립을 유지한다.

2. 오른손을 열어 시선 따라가며 척추를 돌림시킨다.

3. 손끝이 천장을 향하게 뻗어 주고 시선 따라가 척추를 폄하며 가쪽굽힘시킨다.

4. 이어서 척추를 굽힘시켜 왼쪽 수직바 방향으로 손끝을 밀어 낸다.

5. 원래대로 돌아와 왼손 푸시스루바를 위로 밀어 내는 동시에 오른손으로 왼쪽 수직 바를 잡고 척추를 왼쪽으로 돌림시킨다.

목적

척추 스트레칭(Spine Stretching)

몸통 돌림에 대한 분절 움직임 증진(The movement of each vertebrae to the body rotation)

척추 회전에 대한 관절의 연결성 및 운동성 증진(Improvement of joint connectivity and mobility for spinal rotation)

어깨관절 스트레칭(Shoulder Stretching)

주요 효과

몸통 가쪽굽힘근 스트레칭(Trunk Lateral Flexor Stretching)

몸통 돌림근 스트레칭(Trunk Rotator Stretching)

어깨관절 모음근 스트레칭(Shoulder Adductor Stretching)

주의 사항

특정 분절의 과운동성이나 저운동성이 나타나지 않게 주의한다.

측면부 스트레칭 시 체간이 무너지지 않게 주의한다.

골반이나 다리 정렬의 변화가 나타나지 않게 주의한다.

가동 범위(ROM)가 제한될 시 서서히 늘려 준다.

시팅 캣(Sitting Cat)

1. 타워엔드 방향을 바라본 채 사선으로 길게 앉는다. 양다리는 넓게 열어 주고, 양손은 앞으로 길게 뻗어 푸시스루바를 잡는다. 이때 척추-골반은 중립을 유지한다.

2. 복부를 수축하는 동시에 목-등-허리 순으로 몸통을 굽힘시켜 분절하며 내려간다.

3. 척추를 길게 신전시킨 후, 복부 수축하며 반대로 허리-등-목 순으로 분절하며 시작 자세로 돌아온다.

목적
척추 스트레칭(Spine Stretching)
척추 분절 움직임 증진(Spine Articulation Movement Improvement)

주요 효과
몸통 굽힘근 스트레칭(Trunk Flexor Stretching)
몸통 폄근 스트레칭(Trunk Extensor Stretching)

주의 사항
머리-목-등 순으로 순차적으로 움직임이 나올 수 있게 유도한다.
특정 분절의 과운동성이나 저운동성이 나타나지 않게 주의한다.
골반이나 다리 정렬의 변화가 나타나지 않게 주의한다.
가동 범위(ROM)가 제한될 시 서서히 늘려 준다.

닐링 캣(Kneeling Cat)

1. 타워엔드 방향을 바라본 채 반무릎 자세로 서서 양다리는 어깨 넓이로 열어 주고, 양손은 앞으로 길게 뻗어 푸시스루바를 잡는다. 이때 척추-골반은 중립을 유지한다.

2. 복부를 수축하는 동시에 목-등-허리 순으로 몸통을 굽힘시켜 분절하며 내려간다.

3. 이마와 두덩뼈(치골)가 수평이 되면 척추를 길게 신장시킨 후, 복부를 수축하며 반대로 허리-등-목 순으로 분절하며 시작 자세로 돌아온다.

목적
척추 스트레칭(Spine Stretching)
척추 분절 움직임 증진(Spine Articulation Movement Improvement)

주요 효과
몸통 굽힘근 스트레칭(Trunk Flexor Stretching)
몸통 폄근 스트레칭(Trunk Extensor Stretching)

주의 사항
머리-목-등 순으로 순차적으로 움직임이 나올 수 있게 유도한다.
특정 분절의 과운동성이나 저운동성이 나타나지 않게 주의한다.
골반이나 다리 정렬의 변화가 나타나지 않게 주의한다.
ROM이 제한될 시 서서히 늘려 준다.

롤 다운(Roll Down)

1. 타워엔드 쪽을 등지고 매트 끝에서 한 뼘 정도 떨어져 앉는다.
   이때 무릎을 세워 주고, 양손은 손등이 얼굴 방향으로 향하게 팔꿈치를 구부려 푸시스루바 잡는다.

2. 복부 수축하는 동시에 허리-등-목 순으로 롤 다운시키며 팔꿈치를 자연스럽게 뻗어 내려간다.

3. 엉치뼈가 테이블에 닿을 때까지 내려갔다가 천천히 시작 자세로 돌아온다.

목적
코어 근육 강화(Core Muscle Strengthening)
협응력 증진(Coordination Improvement)
척추 분절 움직임 증진(Spine Articulation Movement Improvement)
골반 움직임 증진(Pelvic Movement Improvement)
허리 골반 영역 안정화(Lumbo-pelvic Stability)

주요 효과
코어 근육(Core Muscle)
복근(Abdominal Muscle)
척추 가동 범위 운동(Spine Rom Exercise)
척추 분절 운동(Spine Articulation Exercise)

주의 사항
목, 어깨 주변부의 근육들이 긴장되지 않게 주의한다.
머리-목-등 순으로 순차적으로 움직임이 나올 수 있게 유도한다.
특정 분절의 과운동성이나 저운동성에 주의한다.

풀바(Pull-Bar) & 푸시바(Push-Bar)

1. 머리를 타워엔드 방향으로 두고 바로 누운 자세(Supine position)에서, 양손은 앞으로 길게 뻗어 푸시스루바 잡고, 양 무릎을 세워 준다.

2. (풀바) 골반 중립을 유지하며 코어 세팅하는 동시에 푸시스루바를 가슴 쪽으로 당겨 온다.

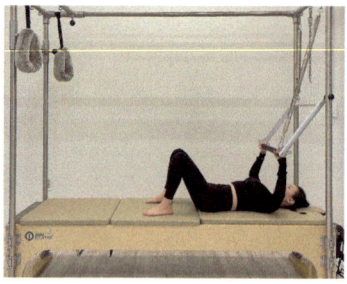

3. (푸시바) 복부 수축을 유지하며, 푸시스루바를 머리 위로 밀어 낸 후 제자리로 돌아온다

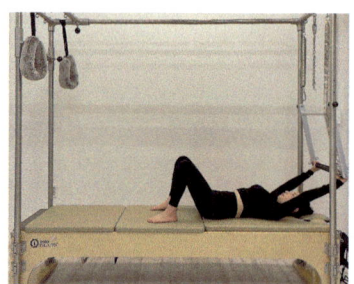

목적

어깨 안정화(Shoulder Stability)

어깨관절 강화 운동(Shoulder Muscle Strengthening)

협응력 증진(Coordination Improvement)

허리-골반 영역 안정화(Lumbo-pelvic Stability)

팔 근육 강화(Upper Muscle Strengthening)

주요 효과

코어 근육(Core Muscle)

어깨관절 굽힘근(Shoulder Flexor), 폄근(Shoulder Extensor)

팔꿈관절 굽힘근(Elbow Flexor), 폄근(Elbow Extensor)

주의 사항

목, 어깨 주변부의 근육들이 긴장되지 않게 주의한다.

복부에 힘을 유지하며, 동작 동안 골반 중립 자세(Pelvic Netural Position)를 유지한다.

크런치(Crunch) & 어퍼 암(Upper Arm)

1. 머리는 타워엔드 쪽을 향하게 두고 바로 누운 자세(Supine position)에서, 양손을 앞으로 길게 뻗어 푸시스루바 잡고, 양 무릎은 구부려 세워 준다.

크런치(Crunch)

어퍼 암(Upper Arm)

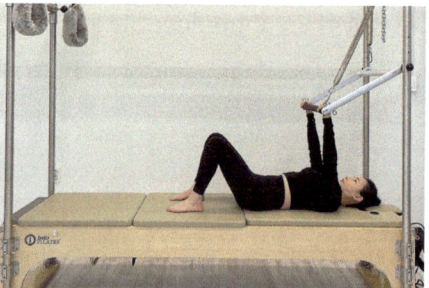

2-1. (크런치) 골반 중립을 유지하며 코어 세팅하는 동시에 푸시스루바를 밀어 어깨뼈가 자연스럽게 매트에서 떨어질 만큼만 상체 말아 올라온다.

2-2. (어퍼 암) 코어 세팅하는 동시에 푸시스루바를 밀어 어깨뼈가 자연스럽게 매트에서 떨어지며 올라와 상체를 완전히 일으킨 후 허리-등-목 순으로 롤 다운시키며 내려온다.

목적
허리-골반 영역 안정화(Lumbo-pelvic Stability)
코어 근육 강화(Core Muscle Strengthening)
협응력 증진(Coordination Improvement)
복부-허리 근육의 동시 수축(Abdominal Muscle-Gluteal Muscle-Elector Spinae Co-Contraction)
척추 분절 움직임 증진(Spine Articulation Movement Improvement)

주요 효과
코어 근육(Core Muscle)
복근(Abdominal Muscle)
척추세움근(척추기립근, Elector Spinae)

주의 사항
목을 과하게 당기거나 목, 어깨 주변부의 근육들이 긴장되지 않게 주의한다.

티저(Teaser)

1. 머리를 타워엔드 쪽을 향하게 두고 바로 누운 자세(Supine position)에서, 양손은 앞으로 길게 뻗어 푸시스루바 잡고, 양 무릎은 테이블 탑 자세를 유지한다.

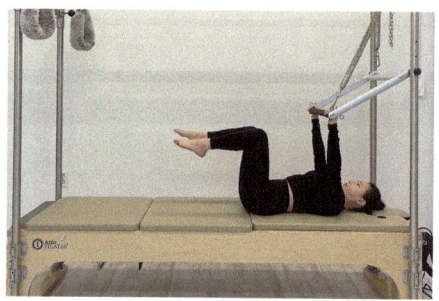

2. 코어 세팅하는 동시에 푸시스루바를 밀어 어깨뼈가 자연스럽게 매트에서 떨어지며 올라와 상체를 완전히 일으키는 동시에 양다리를 사선으로 뻗어 주며 전체적으로 V 자를 만든다.

3. 유지 후 허리-등-목 순으로 서서히 롤 다운시키며 시작 자세로 돌아온다.

목적
허리-골반 영역 안정화(Lumbo-pelvic Stability)
코어 근육 강화(Core Muscle Strengthening)
협응력 증진(Coordination Improvement)
복부-허리 근육의 동시 수축(Abdominal Muscle-Gluteal Muscle-Elector Spinae Co-Contraction)
척추 분절 움직임 증진(Spine Articulation Movement Improvement)

주요 효과
코어 근육(Core Muscle)
복근(Abdominal Muscle)
척추세움근(척추기립근, Elector Spinae)
엉덩관절 굽힘근(Hip Flexor)

주의 사항
목, 어깨 주변부의 근육들이 긴장되지 않게 주의한다.
복부에 힘을 유지하며, 동작을 수행하는 동안 허리-골반(Lumbo-Pelvic) 영역의 안정성(Stability)을 유지한다.

어드밴스 브릿지(Advanced Bridge)

1. 타워엔드 방향을 향해 양다리를 곧게 편다. 발바닥은 수직바에 놓고, 척추는 사선으로 길게 세워 준다.

2. 무릎을 구부려 골반을 슬라이딩시켜 천장을 보고 눕는다.

3. 들이마시고 내쉬는 호흡에 복부 수축하는 동시에 골반-허리-등 순으로 들어 올리며 브릿지(Bridge) 동작을 진행한다.

4. 발볼로 수직바를 밀어 머리부터 발끝까지 사선으로 길게 뻗어 일어난다.

5. 들이마시고 내쉬는 호흡에 복부 수축을 유지하며, 정수리가 매트에 닿도록 내려간다. 매트를 따라 척추가 서서히 미끄러지듯이 3~2번 동작으로 되돌아간다.

목적

허리-골반 영역 안정화(Lumbo-pelvic Stability)

코어 근육 강화(Core Muscle Strengthening)

협응력 증진(Coordination Improvement)

복부-엉덩이-허리 근육의 동시 수축(Abdominal Muscle-Gluteal Muscle-Elector Spinae Co-Contraction)

척추 분절 움직임 증진(Spine Articulation Movement Improvement)

주요 효과

코어 근육(Core Muscle)

복근(Abdominal Muscle)

엉덩관절 폄근(Hip Extensor)

척추세움근(척추기립근, Elector Spinae)

주의 사항

목, 어깨 주변부의 근육들이 긴장되지 않게 주의한다.

골반 중립을 유지하며 허리-골반(Lumbo-Pelvic) 영역의 안정성(Stability)을 유지한다.

골반을 들어 올리는 동안 골반-허리-등 순으로 순차적으로 움직임이 나올 수 있게 유도한다.

특정 분절의 과운동성이나 저운동성이 나타나지 않게 주의한다.

파라켓(Parakeet)

1. 오픈엔드 방향으로 머리를 두고 천장을 바라보며 바로 누운 자세(Supine position) 에서 발바닥을 푸시스루바에 올려놓고 양 무릎을 구부려 유지한다.

2. 코어 세팅하는 동시에 골반 중립을 유지할 수 있을 만큼만 푸시스루바를 아래 방향으로 밀어 내려갔다가 제자리로 돌아온다.

3. 사선 방향으로 무릎을 펴 내고 천장 쪽으로 푸시스루바 밀어 내 골반 중립 유지한다.

4. 코어를 세팅하는 동시에 골반-허리-등 순서대로 분절하며 올라간 후 가슴에서 발끝까지 사선 유지 후 등-허리-골반 순으로 돌아온다.

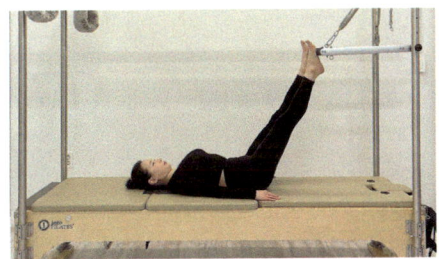 

<응용 동작>

자세 유지 후 양쪽 골반 ASIS가 같은 선상에 유지하는지 확인하면서 한쪽 다리를 머리 방향으로 당겨 준다.

목적

허리-골반 영역 안정화(Lumbo-pelvic Stability)

코어 근육 강화(Core Muscle Strengthening)

협응력 증진(Coordination Improvement)

복부-엉덩이-허리 근육의 동시 수축(Abdominal Muscle-Gluteal Muscle-Elector Spinae Co-Contraction)

척추 분절 움직임 증진(Spine Articulation Movement Improvement)

주요 효과

코어 근육(Core Muscle)

복근(Abdominal Muscle)

엉덩관절 폄근(Hip Extensor)

척추세움근(척추기립근, Elector Spinae)

주의 사항

목, 어깨 주변부의 근육들이 긴장되지 않게 주의한다.

골반 중립을 유지하며 허리-골반(Lumbo-Pelvic) 영역의 안정성(Stability)을 유지한다.

골반을 들어 올리는 동안 골반-허리-등 순으로 순차적으로 움직임이 나올 수 있게 유도한다.

특정 분절의 과운동성이나 저운동성이 나타나지 않게 주의한다.

몽키
- 싱글 & 더블(Monkey - Single & Double)

1. 머리는 푸시스루바 쪽을 향하게 두고 캐딜락 테이블 끝부분에 맞춰 눕는다. 한 다리는 가슴 쪽으로 가져와 발바닥을 푸시스루바에 놓고 양손으로 바를 잡는다. 반대쪽 다리는 아래 방향으로 길게 뻗어 낸다.

몽키 싱글(Monkey Single)   몽키 더블(Monkey Double)

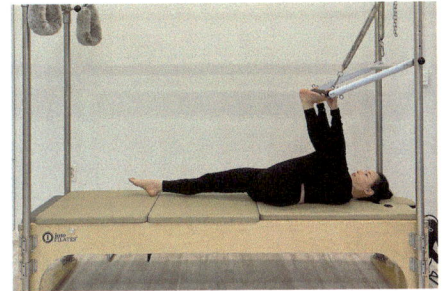
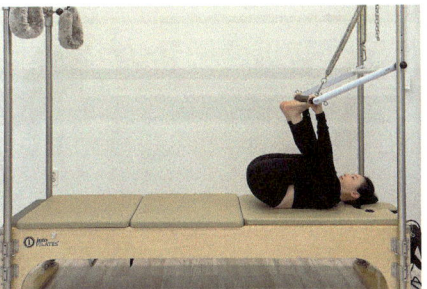

2. 코어를 세팅하는 동시에 고개 들어서 복부를 바라보며 무릎을 펴 내 상체 올라왔다가 시작 자세로 돌아온다.

목적
척추 스트레칭(Spine Stretching)
척추 분절 움직임 증진(Spine Articulation Movement Improvement)
다리 스트레칭(Leg Stretching)

주요 효과
몸통 폄근 스트레칭(Trunk Extensor Stretching)
엉덩관절 폄근 스트레칭(Hip Extensor Stretching)
무릎관절 굽힘근 스트레칭(Hip Flexor Stretching)

주의 사항
특정 분절의 과운동성이나 저운동성이 나타나지 않게 주의한다.
가동 범위(ROM)가 제한될 시 서서히 늘려 준다.

타워(Tower)

1. 머리는 푸시스루바 쪽을 향하게 두고 캐딜락 테이블 끝부분에 맞춰 누워, 두 다리는 가슴 쪽으로 가져와 두 발을 푸시스루바에 놓고 양손으로 수직바를 잡아 준다.

2. 무릎을 펴고 두 발로 푸시스루바를 밀어 내며 꼬리뼈부터 말아 올린다.

3. 복부와 엉덩이를 수축하며 유지했다가 등-허리-골반 순으로 내려온다.

목적
척추 스트레칭(Spine Stretching)
척추 분절 운동(Spine Articulation Exercise)
코어 근육 강화(Core Muscle Strengthening)
협응력 증진(Coordination Improvement)
복부 강화(Abdominal Strengthening)

주요 효과
코어 근육(Core Muscle)
복근(Abdominal Muscle)
어깨 안정화근(Scapular Stabilizers)
엉덩관절 굽힘근(Hip Flexor), 폄근(Hip Extensor)

주의 사항
반동을 써서 과도하게 움직이지 않게 주의한다.
목, 어깨 부위에 과도한 긴장이 무리가 가지 않도록 주의한다.
척추 질환 시 운동에 주의한다.

레그 프레스(Leg Press)

1. 양 무릎을 구부려 발바닥을 푸시스루바에 올려놓은 채 천장을 보고 누워 유지한다.

2-1. (더블) 골반 중립 유지하며 발바닥으로 푸시스루바를 밀어 내며 무릎 펴고, 구부려 돌아온다.

2-2. (싱글) 한 발씩 교차로 적용한다.

2-3. (사이드) 옆으로 누운 자세(Side lying position)에서 한 발씩 번갈아 가며 적용한다.

더블 레그 프레스 (Double Leg Press) | 싱글 레그 프레스 (Single Leg Press) | 사이드 레그 프레스 (Side Leg Press)

응용 동작 - 다양한 발의 위치 변화

11 자 Heel Position

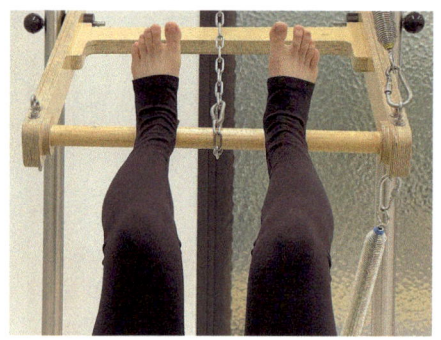

1. 어깨 넓이로 발뒤꿈치를 풋바에 두고 발끝은 몸쪽으로 당겨 준다.

엉덩관절 폄근 활성도를 높이기 위한 포지션

11 자 Toe Position

2. 어깨 넓이로 발볼 쪽에 풋바가 위치하게 고정한다.

발바닥굽힘근 활성도를 높이기 위한 포지션

Wide V 자 Position Toe & Heel

3. 풋바 모서리에 뒤꿈치를 놓고 발은 가쪽돌림시켜 발끝을 몸쪽으로 당겨 준다.

엉덩관절 폄근 및 가쪽돌림근육 활성도를 높이기 위한 포지션

V 자 Position Toe & Heel

4. 양발을 V 자로 만들어 뒤꿈치만 붙이고 풋바에 발볼을 고정한다.

엉덩관절 모음근 및 가쪽돌림근육 활성도를 높이기 위한 포지션

목적
허리-골반 영역 안정화(Lumbo-pelvic Stability)
협응력 증진(Coordination Improvement)
다리 근육 강화(Lower Muscle Strengthening)

주요 효과
엉덩관절 굽힘근(Hip Flexor), 폄근(Hip Extensor)

주의 사항
무릎을 과폄시키지 않게 주의한다.
다리를 뻗는 동안 허리-골반(Lumbo-Pelvic) 영역이 바닥에서 들리지 않게 유지한다.
엉덩관절 분리를 충분히 인지시킨 후 엉덩이 근육을 활성화시킨다.

스완(Swan)

1. 머리는 타워엔드 방향으로 엎드린 자세(Prone position)에서 양손 푸시스루바를 잡고 준비한다.

2. 복부 수축하며 동시에 양손으로 푸시스루바를 가볍게 누르며 어깨뼈를 안정화시킨 후 척추를 폄시킨다.

<응용 동작> 하이 스완(High Swan)

골반이 따라오지 않게 눌러 내며, 양팔을 구부려 푸시스루바를 머리 위로 밀어 올린다.

목적

몸통 굽힘근 스트레칭(Trunk Flexor Stretching)

몸통 폄근 강화(Trunk Extensor Strengthening)

코어 근육 강화(Core Muscle Strengthening)

협응력 증진(Coordination Improvement)

주요 효과

코어 근육(Core Muscle)

척추세움근(척추기립근, Elector Spinae)

엉덩관절 폄근(Hip Extensor)

어깨 안정화근(Scapular Stabilizers)

몸통 안정화 근육(Trunk Stabilizers)

주의 사항

목, 어깨 주변부의 근육들이 긴장되지 않게 주의한다.

특정 분절의 과운동성이나 저운동성이 나타나지 않게 주의한다.

힙 업(Hip up)

1. 오픈엔드 방향으로 머리를 두고 롱 박스(Long Box) 위에 엎드린다. 양다리는 무릎을 구부려 발바닥이 천장 쪽을 향하게 두고, 발끝은 가쪽돌림시켜 무릎과 수직선상에 위치할 수 있게 푸시스루바에 가볍게 둔다.

2. 엉덩이를 수축시키며 발바닥을 천장 쪽으로, 푸시스루바를 살짝 밀어 낸다.

본 동작   W Position

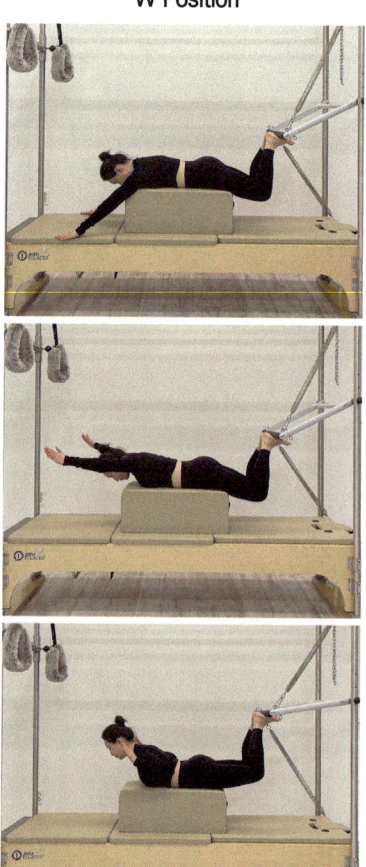

목적
허리-골반 영역 안정화(Lumbo-pelvic Stability)
복부-엉덩이-허리 근육의 동시 수축(Abdominal Muscle-Gluteal Muscle-Elector Spinae Co-Contraction)
코어 근육 강화(Core Muscle Strengthening)
협응력 증진(Coordination Improvement)

주요 효과
코어 근육(Core Muscle)
척추세움근(척추기립근, Elector Spinae)
엉덩관절 폄근(Hip Extensor)

주의 사항
목, 어깨 주변부의 근육들이 긴장되지 않게 주의한다.
복부에 힘을 유지하며, 다리를 뻗어 내는 동안 허리-골반(Lumbo-Pelvic) 영역의 안정성(Stability)을 유지한다.
허리가 과젖힘되지 않게 골반 중립 자세를 유지한다.

힙 힌지(Hip hinge)

1. 푸시바를 양손으로 잡고 두 다리는 어깨 넓이로 벌린 채 무릎을 살짝 구부리고 상체를 기울여 준다.

2. 뒤꿈치로 바닥을 밀어 내면서 복부와 엉덩이를 동시에 수축하여 상체를 일으킨다.

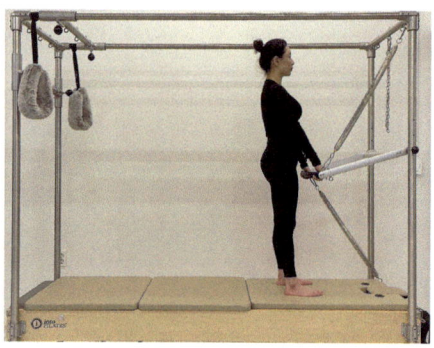

목적

다리 근육 강화(Lower Muscle Strengthening)

몸통 근육 강화(Trunk Muscle Strengthening)

협응력 증진(Coordination Improvement)

복부-엉덩이-허리 근육의 동시 수축(Abdominal Muscle-Gluteal Muscle-Elector Spinae Co-Contraction)

주요 효과

복근(Abdominal Muscle)

엉덩관절 굽힘근, 폄근(Hip Flexor, Extensor)

무릎관절 굽힘근, 폄근(Knee Flexor, Extensor)

척추세움근(척추기립근, Elector Spinae)

주의 사항

목, 어깨 주변부의 근육들이 긴장되지 않게 주의한다.

마지막 범위에서 무릎을 과폄시키지 않게 주의한다.

롤 업 앤 롤 다운(Roll Up & Roll Down)

1. 오픈엔드 방향으로 무릎을 펴고, 양발을 수직바에 놓고 앉는다. 양손으로 롤다운바를 잡고 앞으로 길게 뻗어 척추를 세워 유지한다.

2. 골반을 뒤기울임시키며 서서히 허리-등-목 순으로 분절해 내려간다.

3. 반대로 목-등-허리 순으로 분절해 시작 자세로 돌아간다.

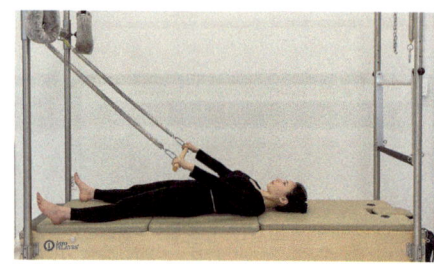 

목적
코어 근육 강화(Core Muscle Strengthening)
협응력 증진(Coordination Improvement)
척추 분절 움직임 증진(Spine Articulation Movement Improvement)
골반 움직임 증진(Pelvic Movement Improvement)
허리-골반 영역 안정화(Lumbo-pelvic Stability)

주요 효과
코어 근육(Core Muscle)
복근(Abdominal Muscle)
척추 가동 범위 운동(Spine Rom Exercise)
척추 분절 운동(Spine Articulation Exercise)

주의 사항
목, 어깨 주변부의 근육들이 긴장되지 않게 주의한다.
머리-목-등 순으로 순차적으로 움직임이 나올 수 있게 유도한다.
특정 분절의 과운동성이나 저운동성이 나타나지 않게 주의한다.

암 워크(Arm Work)
- 암 익스텐션(Arm Extension)

암 워크(반무릎 자세, Half Kneeling Position)의 응용 동작으로, 어깨관절 및 팔꿈관절 폄근을 발달시키는 데 효과적이다.

1. 오픈엔드 방향을 바라보며 반무릎 자세(Half Kneeling Position)로 양손은 롤다운 바를 잡아 사선 방향으로 길게 뻗어 유지한다.

숄더 익스텐션(Shoulder Extension)   **엘보 익스텐션(Elbow Extension)**

2. 코어를 활성화시켜 몸통을 안정화시키고 가슴 열어 롤다운바를 몸쪽으로 당겨 준다.

목적

허리-골반 영역 안정화(Lumbo-pelvic Stability)

협응력 증진(Coordination Improvement)

등허리 근막 활성화(Lumbodorsal Fascia Activation)

복부 강화(Abdominal Strengthening)

팔 근육 강화(Upper Muscle Strengthening)

주요 효과

코어 근육(Core Muscle)

복근(Abdominal Muscle)

어깨 안정화근(Scapular Stabilizers)

어깨관절 폄근(Shoulder Extensor Strengthening)

팔꿈관절 폄근(Elbow Extensor Strengthening)

주의 사항

목, 어깨 주변부의 근육들이 긴장되지 않게 주의한다.

복부에 힘을 유지하며, 동작 동안 골반 중립 자세(Pelvic Netural Position)를 유지한다.

싸이 스트레칭(Thigh Stretching)

1. 오픈엔드 방향을 향해 반무릎 자세(Half Kneeling Position)로 손등이 천장 쪽으로 향하게 양손으로 롤다운바를 잡아 유지한다.

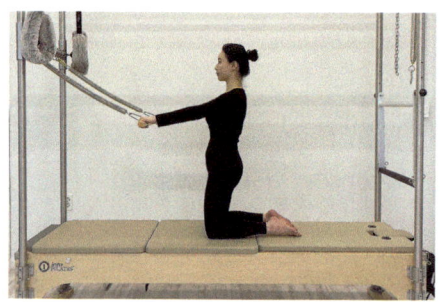

2. 척추 정렬이 무너지지 않게 코어와 엉덩이를 수축시키며 알파벳 Z 자 모양을 만들며 서서히 뒤로 기울였다가 제자리로 돌아온다.

목적

허리-골반 영역 안정화(Lumbo-pelvic Stability)

협응력 증진(Coordination Improvement)

복부-엉덩이-허리 근육의 동시 수축(Abdominal Muscle-Gluteal Muscle-Elector Spinae Co-Contraction)

다리 근육 강화(Lower Muscle Strengthening)

다리 스트레칭(Leg Stretching)

주요 효과

코어 근육(Core Muscle)

복근(Abdominal Muscle)

어깨 안정화근(Scapular Stabilizers)

엉덩관절 굽힘근, 폄근(Hip Flexor, Extensor)

무릎관절 굽힘근, 폄근(Knee Flexor, Extensor)

척추세움근(척추기립근, Elector Spinae)

주의 사항

동작 시작 전 골반은 중립을 유지하며 동작 중 허리만 과하게 굽거나 젖히지 않게 주의한다.

목, 어깨 주변부의 근육들이 긴장되지 않게 주의한다.

허리 및 무릎 통증에 주의한다.

암 워크(Arm Work)
- 숄더 익스텐션(Shoulder Extension)

암 워크(바로 누운 자세, Supine Position)의 응용 동작으로, 후면 코어와 어깨관절 폄근, 팔꿈관절 폄근을 발달시키는 데 효과적이다.

1. 오픈엔드 방향으로 머리를 두고 바로 누운 자세(Supine position)에서 양손으로 롤다운바를 잡아 길게 뻗어 주고, 양 무릎을 세워(or 테이블 탑) 유지한다.

2. 복부 수축시키는 동시에 롤다운바를 가능한 만큼 눌러 낸다.

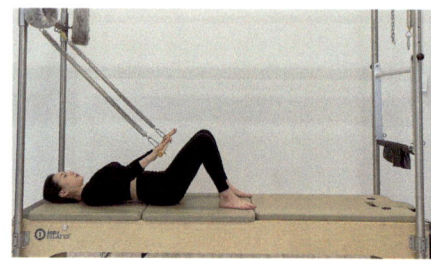

목적

허리-골반 영역 안정화(Lumbo-pelvic Stability)

협응력 증진(Coordination Improvement)

등허리 근막 활성화(Lumbodorsal Fascia Activation)

복부 강화(Abdominal Strengthening)

팔 근육 강화(Upper Muscle Strengthening)

주요 효과

코어 근육(Core Muscle)

복근(Abdominal Muscle)

어깨 안정화근(Scapular Stabilizers)

어깨관절 폄근(Shoulder Extensor Strengthening)

팔꿈관절 폄근(Elbow Extensor Strengthening)

주의 사항

목, 어깨 주변부의 근육들이 긴장되지 않게 주의한다.

복부에 힘을 유지하며, 동작 동안 골반 중립 자세(Pelvic Netural Position)를 유지한다.

싱글 & 더블 레그 스트레칭
(Single & Double Leg Stretching)

1. 오픈엔드 방향으로 머리를 두고 바로 누운 자세(Supine position)에서 양손으로 롤다운바를 잡아 길게 뻗어 주고, 양 무릎은 테이블 탑을 유지한다.

싱글 레그 스트레칭(Single Leg Stretching)　　　더블 레그 스트레칭(Double Leg Stretching)

2-1. (싱글) 롤다운바는 가능한 만큼 눌러 내어 복부를 수축시키는 동시에 양다리는 교차로 뻗어 준다.

2-2. (더블) 복부 수축시켜 준 동시에 두 다리를 사선 방향으로 뻗어 준다. 이때 양손으로 롤다운바를 가능한 만큼 눌러 준다.

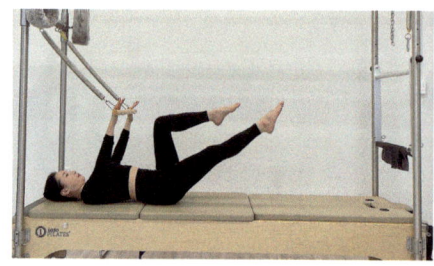
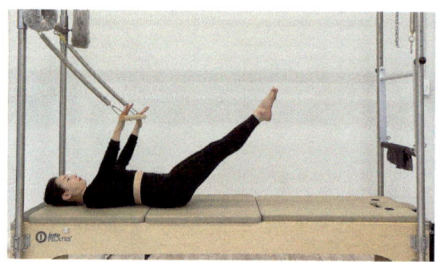

목적

허리-골반 영역 안정화(Lumbo-pelvic Stability)

협응력 증진(Coordination Improvement)

등허리 근막 활성화(Lumbodorsal Fascia Activation)

복부 강화(Abdominal Strengthening)

주요 효과

코어 근육(Core Muscle)

복근(Abdominal Muscle)

엉덩관절 굽힘근(Hip Flexor), 폄근(Hip Extensor)

어깨 안정화근(Scapular Stabilizers)

주의 사항

목, 어깨 주변부의 근육들이 긴장되지 않게 주의한다.

복부에 힘을 유지하며, 다리를 교차로 뻗는 동안 골반 중립 자세(Pelvic Netural Position)를 유지한다.

다수의 수업을 진행하는 경우 같은 박자를 맞출 수 있도록 카운트를 센다.

롤 오버(Roll Over)

1. 오픈엔드 쪽으로 머리를 두고 눕는다. 양다리의 오금 뒤쪽을 롤다운바에 걸어 고정시킨 후, 두 발끝을 매트에 놓고 양손은 수직바를 잡아 유지한다.

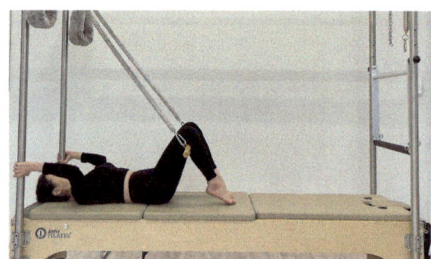 

2. 양 무릎을 머리를 향해 위로 넘겨 주면서 척추를 하나하나 매트에서 말아 올라갔다가, 다시 호흡과 함께 반대로 척추를 매트에 도장 찍듯이 분절하며 시작 자세로 돌아온다.

목적

척추 스트레칭(Spine Stretching)

척추 분절 운동(Spine Articulation Exercise)

코어 근육 강화(Core Muscle Strengthening)

협응력 증진(Coordination Improvement)

복부 강화(Abdominal Strengthening)

주요 효과

코어 근육(Core Muscle)

복근(Abdominal Muscle)

어깨 안정화근(Scapular Stabilizers)

엉덩관절 굽힘근(Hip Flexor), 폄근(Hip Extensor)

주의 사항

반동을 써서 과도하게 움직이지 않게 주의한다.

목, 어깨 부위에 과도한 긴장이나 무리가 가지 않도록 주의한다.

사이드 밴드(Side Bend)

1. 타워엔드 쪽으로 머리를 두고 옆으로 눕는다. 한 손은 롤다운바를 잡아 길게 뻗어 주고 오른발은 뒤쪽 수직바, 왼발은 앞쪽 수직바에 고정시킨다.

2. 들이마시고 내쉬는 호흡에 두 다리를 사선 방향으로 뻗어 내고 동시에 복부를 수축하며 서서히 가쪽굽힘시킨다.

목적
몸통 근육 강화(Trunk Muscle Stretching)
허리-골반 영역 안정화(Lumbo-pelvic Stability)
코어 근육 강화(Core Muscle Strengthening)
협응력 증진(Coordination Improvement)

주요 효과
코어 근육(Core Muscle)
몸통 가쪽굽힘근(Trunk Lateral Flexor Muscle)

주의 사항
신체의 올바른 정렬을 인식하고, 균형을 잡는 것이 중요하다.
복부의 긴장을 유지하며, 동작 동안 허리-골반(Lumbo-Pelvic) 영역의 안정성(Stability)을 유지한다.

스완(Swan)

1. 오픈엔드 방향으로 롤다운바를 잡고 길게 엎드려 누워 준비한다.

2. 복부 수축하며 동시에 양손으로 롤다운바를 가볍게 눌러 어깨뼈를 안정화시킨 후 척추를 폄시킨다.

목적
몸통 굽힘근 스트레칭(Trunk Flexor Stretching)
몸통 폄근 강화(Trunk Extensor Strengthening)
코어 근육 강화(Core Muscle Strengthening)
협응력 증진(Coordination Improvement)

주요 효과
코어 근육(Core Muscle)
척추세움근(척추기립근, Elector Spinae)
엉덩관절 폄근(Hip Extensor)
어깨 안정화근(Scapular Stabilizers)
몸통 안정화 근육(Trunk Stabilizers)

주의 사항
목, 어깨 주변부의 근육들이 긴장되지 않게 주의한다.
특정 분절의 과운동성이나 저운동성이 나타나지 않게 주의한다.

라운드 백(Round Back)
& 플랫 백(Flat Back)

1. 오픈엔드 방향을 보고 앉는다. 양다리는 어깨 넓이로 구부려 세워 주고 양 팔꿈치는 구부려 가슴 앞으로 핸들 잡고 척추 세워 유지한다.

라운드 백(Round Back)   플랫 백(Flat Back)

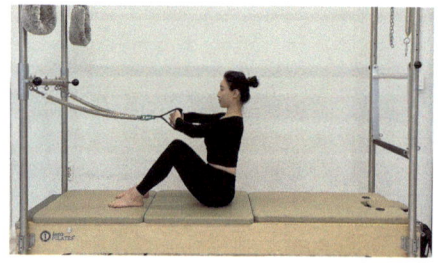 

2-1. (라운드 백) 복부 수축하는 동시에 척추를 둥글게 말아 롤 다운(Roll Down)시켜 내려간다.

2-2. (플랫 백) 척추 정렬 유지할 수 있을 만큼만 뒤로 넘어갔다가 시작 자세로 돌아온다.

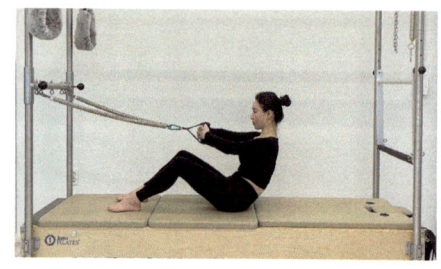 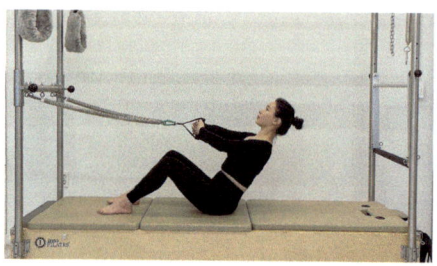

목적

코어 근육 강화(Core Muscle Strengthening)

협응력 증진(Coordination Improvement)

척추 분절 움직임 증진(Spine Articulation Movement Improvement)

골반 움직임 증진(Pelvic Movement Improvement)

허리-골반 영역 안정화(Lumbo-pelvic Stability)

주요 효과

코어 근육(Core Muscle)

복근(Abdominal Muscle)

척추 가동 범위 운동(Spine Rom Exercise)

척추 분절 운동(Spine Articulation Exercise)

주의 사항

특정 분절의 과운동성이나 저운동성이 나타나지 않게 주의한다.

골반이나 다리에 보상성 변화가 나타나지 않게 주의한다.

가동 범위(ROM)가 제한될 시 서서히 늘려 준다.

암 워크(Arm Work)
- 원 암 풀(One Arm Pull)

암 워크(앉은 자세, Sitting Position)의 응용 동작으로, 몸통 돌림 및 어깨관절 폄근을 발달시키는 데 효과적이다.

1. 오픈엔드 방향을 보고 앉는다. 양다리는 어깨 넓이로 구부려 세워 주고, 양손은 핸들을 잡아 길게 뻗고 스프링에 텐션을 유지하며 척추를 사선으로 길게 세워 낸다.

2. 팔꿈치를 구부려 핸들을 당겨 내는 동시에 같은 방향으로 척추를 돌림시킨다.

3. 반대쪽도 동일하게 진행한다.

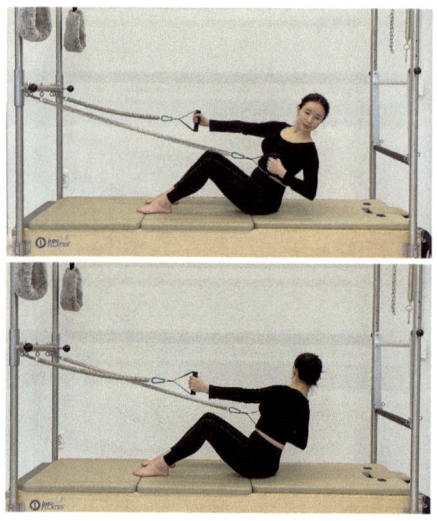

목적
몸통 돌림에 대한 분절 움직임 증진(The movement of each vertebrae to the body rotation)
척추 회전에 대한 관절의 연결성 및 운동성 증진(Improvement of joint connectivity and mobility for spinal rotation)
코어 근육 강화(Core Muscle Strengthening)
협응력 증진(Coordination Improvement)
어깨관절 강화(Shoulder Strengthening)

주요 효과
코어 근육(Core Muscle)
복근(Abdominal Muscle)
어깨관절 폄근(Shoulder Extensor)

주의 사항
특정 분절의 과운동성이나 저운동성이 나타나지 않게 주의한다.
골반이나 다리에 보상성 변화가 나타나지 않게 주의한다.
가동 범위(ROM)가 제한될 시 서서히 늘려 준다.

암 워크(Arm Work)
- 엘보 플렉션(Elbow Flexion)

암 워크(앉은 자세, Sitting Position)의 응용 동작으로, 팔꿈관절 굽힘근을 발달시키는 데 효과적이다.

1. 오픈엔드 방향을 보고 앉는다. 양다리는 어깨 넓이로 구부려 세워 주고, 양손은 핸들을 잡아 길게 뻗어 스프링에 텐션을 유지하며 척추를 사선으로 길게 세워 낸다.

2. 복부 수축을 유지하며, 팔꿈치를 구부려 핸들을 당겨 온다.

목적
어깨 안정화(Shoulder Stability)
어깨관절 강화 운동(Shoulder Muscle Strengthening)
협응력 증진(Coordination Improvement)
허리-골반 영역 안정화(Lumbo-pelvic Stability)
팔 근육 강화(Upper Muscle Strengthening)

주요 효과
어깨관절 굽힘근(Shoulder Flexor)
팔꿈관절 굽힘근(Elbow Flexor)

주의 사항
저항을 유지하며 서서히 돌아온다.
목, 어깨 주변부의 근육들이 긴장되지 않게 주의한다.
복부에 긴장을 유지하며, 팔을 움직이는 동안 허리-골반(Lumbo-Pelvic) 영역의 안정성(Stability)을 유지한다.

암 워크(Arm Work)
- 숄더 익스텐션(Shoulder Extension)

암 워크(앉은 자세, Sitting Position)의 응용 동작으로, 어깨관절 폄근을 발달시키는 데 효과적이다.

1. 오픈엔드 방향을 보고 앉는다. 양다리는 어깨 넓이로 구부려 세워 주고, 양손은 핸들을 잡아 길게 뻗어 스프링에 텐션을 유지하며 척추를 길게 세워 낸다.

2. 팔꿈치가 구부려 지지 않게, 복부 수축시키는 동시에 어깨 관절을 폄시켜 스트랩(Strap)을 당겨 온다.

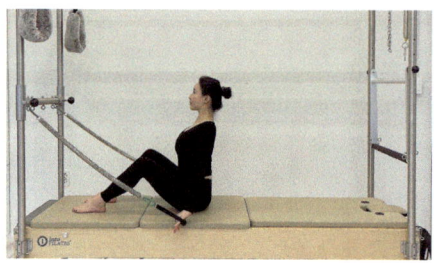

목적
어깨 안정화(Shoulder Stability)
어깨관절 강화 운동(Shoulder Muscle Strengthening)
협응력 증진(Coordination Improvement)
허리-골반 영역 안정화(Lumbo-pelvic Stability)
팔 근육 강화(Upper Muscle Strengthening)

주요 효과
어깨관절 폄근(Shoulder Extensor)
팔꿉관절 폄근(Elbow Extensor)

주의 사항
목, 어깨 주변부의 근육들이 긴장되지 않게 주의한다.
복부에 긴장을 유지하며, 팔을 움직이는 동안 허리-골반(Lumbo-Pelvic) 영역의 안정성(Stability)을 유지한다.
위팔뼈 머리가 과하게 돌출되지 않게 주의한다.

암 워크(Arm Work)
- 쟁반 나르기(Serve a Tray)

암 워크(앉은 자세, Sitting Position)의 응용 동작으로, 어깨관절 굽힘근을 발달시키는 데 효과적이다.

1. 타워엔드 방향을 보고 앉아 양다리는 앞으로 길게 뻗어 준다. 양손은 핸들을 잡아 길게 뻗어 스프링에 텐션을 유지하며 척추를 길게 세워 준다.

2. 몸통이 뒤로 넘어가지 않게 균형 잡으며 양손으로 쟁반을 나른다는 느낌으로 팔꿈치를 펴 내며 천천히 양손을 밀어 낸다.

목적

어깨 안정화(Shoulder Stability)

어깨관절 강화 운동(Shoulder Muscle Strengthening)

협응력 증진(Coordination Improvement)

허리-골반 영역 안정화(Lumbo-pelvic Stability)

팔 근육 강화(Upper Muscle Strengthening)

주요 효과

어깨관절 굽힘근(Shoulder Flexor)

주의 사항

저항을 유지하며 서서히 돌아온다.

목, 어깨 주변부의 근육들이 긴장되지 않게 주의한다.

복부에 긴장을 유지하며, 팔을 움직이는 동안 허리-골반(Lumbo-Pelvic) 영역의 안정성(Stability)을 유지한다.

암 워크(Arm Work)
- 허그 어 트리(Hug A Tree)

암 워크(앉은 자세, Sitting Position)의 응용 동작으로, 어깨관절 수평모음근을 발달시키는 데 효과적이다.

1. 타워엔드 방향을 보고 앉는다. 양다리는 어깨 넓이로 곧게 뻗어 주고, 양손은 핸들을 잡아 넓게 열어 준 채로 스프링의 텐션을 유지하며 척추를 길게 세워 낸다.

2. 팔꿈치를 약간 구부려 큰 통나무를 안는다는 느낌으로 손끝이 만났다가 천천히 시작 자세로 돌아온다.

목적
어깨 안정화(Shoulder Stability)
어깨관절 강화 운동(Shoulder Muscle Strengthening)
협응력 증진(Coordination Improvement)
허리-골반 영역 안정화(Lumbo-pelvic Stability)
팔 근육 강화(Upper Muscle Strengthening)

주요 효과
어깨관절 수평모음근(Shoulder Horizontal Abductor)

주의 사항
저항을 유지하며 서서히 돌아온다.
목, 어깨 주변부의 근육들이 긴장되지 않게 주의한다.
복부에 긴장을 유지하며, 팔을 움직이는 동안 허리-골반(Lumbo-Pelvic) 영역의 안정성(Stability)을 유지한다.

암 워크(Arm Work)
– 암 익스텐션(Arm Extension)

암 워크(바로 누운 자세, Supine Position)의 응용 동작으로, 후면 코어와 어깨관절 폄근, 팔꿈관절 폄근을 발달시키는 데 효과적이다.

1. 오픈엔드 방향으로 머리를 두고 바로 누운 자세(Supine position)에서 양손으로 핸들을 잡아 사선으로 길게 뻗어 주고, 양 무릎은 세워 유지한다.

숄더 익스텐션(Shoulder Extension)

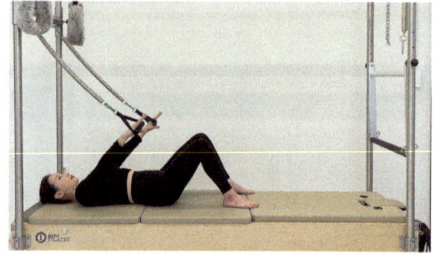

엘보 익스텐션(Elbow Extension)

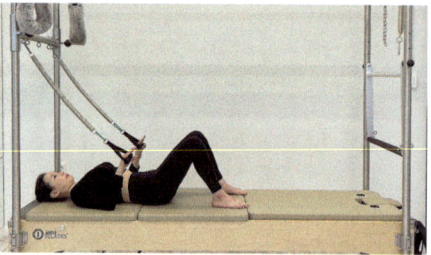

2. 복부 수축하는 동시에 양손 스트랩(Strap)을 골반 측면까지 눌러 준다.

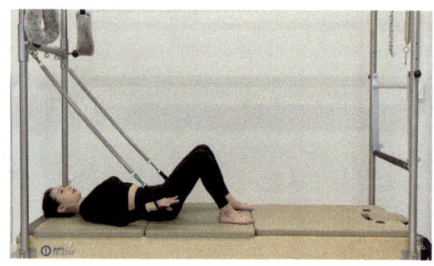
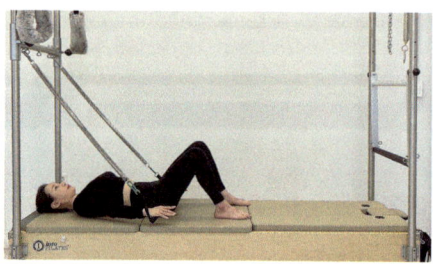

목적

허리-골반 영역 안정화(Lumbo-pelvic Stability)

등허리 근막 활성화(Lumbodorsal Fascia Activation)

복부 강화(Abdominal Strengthening)

어깨관절 강화(Shoulder Strengthening)

팔 근육 강화(Upper Muscle Strengthening)

주요 효과

복근(Abdominal Muscle)

코어 근육(Core Muscle)

어깨관절 굽힘근(Shoulder Flexor), 폄근(Shoulder Extensor)

팔꿉관절 폄근(Elbow Extensor)

주의 사항

목, 어깨 주변부의 근육들이 긴장되지 않게 주의한다.

복부에 긴장을 유지하며, 팔을 움직이는 동안 허리-골반(Lumbo-Pelvic) 영역의 안정성(Stability)을 유지한다.

복부의 움직임을 확인하며, 올바른 호흡 패턴을 유지한다.

숄더 브릿지(Shoulder Bridge)

암 워크(바로 누운 자세, Supine Position)의 응용 동작으로, 후면 코어와 어깨관절 폄 근을 발달시키는 데 효과적이다.

1. 오픈엔드 방향으로 머리를 두고 바로 누운 자세(Supine position)에서 양손으로 핸들을 잡아 사선으로 길게 뻗어 주고, 양 무릎을 세워 유지한다.

2. 복부와 엉덩이를 수축시키며 골반을 천장 쪽으로 말아 올리는 동시에 양 손바닥을 바닥을 향해 눌러 준다.

목적

허리-골반 영역 안정화(Lumbo-pelvic Stability)

코어 근육 강화(Core Muscle Strengthening)

협응력 증진(Coordination Improvement)

복부-엉덩이-허리 근육의 동시 수축(Abdominal Muscle-Gluteal Muscle-Elector Spinae Co-Contraction)

척추 분절 움직임 증진(Spine Articulation Movement Improvement)

어깨관절 강화(Shoulder Strengthening)

주요 효과

코어 근육(Core Muscle)

복근(Abdominal Muscle)

어깨관절 폄근(Shoulder Extensor)

엉덩관절 폄근(Hip Extensor)

척추세움근(척추기립근, Elector Spinae)

주의 사항

목, 어깨 주변부의 근육들이 긴장되지 않게 주의한다.

골반 중립을 유지하며 허리-골반(Lumbo-Pelvic) 영역의 안정성(Stability)을 유지한다.

골반을 들어 올리는 동안 골반-허리-등 순으로 순차적으로 움직임이 나올 수 있게 유도한다.

특정 분절의 과운동성이나 저운동성이 나타나지 않게 주의한다.

레그 풀 시리즈(Leg Pull Series)

1. 오픈엔드 방향으로 머리를 두고 누워 한 다리는 스트랩(Strap)에 걸어 천장 방향으로 뻗고, 반대쪽 다리는 무릎 세워 유지한다. 이때 양손은 수직바를 잡아 준다.

싱글 레그 풀(Single Leg Pull)   더블 레그 풀(Double Leg Pull)   레그 풀 워킹 (Leg Pull Walking)

2-1, 2-2. 코어 세팅하며 발목은 발등굽힘시켜 스프링을 아래 방향으로 눌러 냈다가 반대로 발목을 발바닥굽힘시키며 돌아온다.

2-3. (레그 풀 워킹) 양다리를 수직으로 교차하여 걷듯이 움직이며 내려갔다 올라온다.

목적

허리-골반 영역 안정화(Lumbo-pelvic Stability)

협응력 증진(Coordination Improvement)

복부 강화(Abdominal Strengthening)

엉덩관절 주변근육 강화(Hip Joint Muscle Strengthening)

엉덩관절 움직임 증진(Hip Joint Movement Improvement)

다리 근육 강화(Lower Muscle Strengthening)

주요 효과

복근(Abdominal Muscle)

엉덩관절 굽힘근(Hip Flexor), 폄근(Hip Extensor), 모음근(Hip Adductor), 가쪽돌림근(Lateral Rotator)

발목관절 발등굽힘근(Ankle Dorsi Flexor), 발바닥굽힘근(Ankle Planta Flexor)

주의 사항

목, 어깨 주변부의 근육들이 긴장되지 않게 주의한다.

복부에 긴장을 유지하며, 다리를 뻗는 동안 골반 중립 자세(Pelvic Netural Position)를 유지한다.

과도한 동작으로 인한 보상근육의 불편감이나 허리 통증을 주의한다.

프로그 레그(Frog Leg)

1. 오픈엔드 방향으로 머리를 두고 눕는다. 양다리는 스트랩(Strap)에 걸고 두 다리는 가쪽돌림시켜 발뒤꿈치를 붙여 V 자를 만들어 유지한다. 이때 양손은 수직바를 잡는다.

2. 들이마시고 내쉬는 호흡에 복부 수축하는 동시에 다리 모양을 그대로 유지하며 스트랩(Strap)을 아래 방향으로 눌러 내려갔다가 되돌아온다.

목적

허리-골반 영역 안정화(Lumbo-pelvic Stability)

협응력 증진(Coordination Improvement)

복부 강화(Abdominal Strengthening)

엉덩관절 주변근육 강화(Hip Joint Muscle Strengthening)

엉덩관절 움직임 증진(Hip Joint Movement Improvement)

다리 근육 강화(Lower Muscle Strengthening)

주요 효과

복근(Abdominal Muscle)

엉덩관절 굽힘근(Hip Flexor), 폄근(Hip Extensor), 모음근(Hip Adductor), 가쪽돌림근(Lateral Rotator)

발목관절 발등굽힘근(Ankle Dorsi Flexor), 발바닥굽힘근(Ankle Planta Flexor)

주의 사항

목, 어깨 주변부의 근육들이 긴장되지 않게 주의한다.

복부에 긴장을 유지하며, 다리를 뻗는 동안 골반 중립 자세(Pelvic Netural Position)를 유지한다.

과도한 동작으로 인한 보상근육의 불편감이나 허리 통증을 주의한다.

레그 써클(Leg Circle)

1. 오픈엔드 방향으로 머리를 두고 눕는다. 두 다리는 스트랩(Strap)에 걸어 천장 방향으로 뻗고, 양손은 양쪽 팔꿈치를 구부려 수직바를 잡아 준다.

2. 골반 중립 유지하면서 양다리를 열어 모음근을 스트레칭한다.

3. 발끝으로 원을 그린다는 느낌으로 양발을 밀어 코 중앙선에서 만나 천천히 시작 자세로 돌아온다.

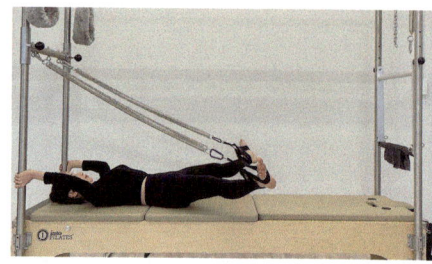 

목적

허리-골반 영역 안정화(Lumbo-pelvic Stability)

협응력 증진(Coordination Improvement)

복부 강화(Abdominal Strengthening)

엉덩관절 주변근육 강화(Hip Joint Muscle Strengthening)

엉덩관절 움직임 증진(Hip Joint Movement Improvement)

다리 근육 강화(Lower Muscle Strengthening)

주요 효과

복근(Abdominal Muscle)

엉덩관절 굽힘근(Hip Flexor), 폄근(Hip Extensor), 모음근(Hip Adductor), 가쪽돌림근(Lateral Rotator)

발목관절 발등굽힘근(Ankle Dorsi Flexor), 발바닥굽힘근(Ankle Planta Flexor)

주의 사항

목, 어깨 주변부의 근육들이 긴장되지 않게 주의한다.

복부에 긴장을 유지하며, 다리를 움직이는 동안 골반 중립 자세(Pelvic Netural Position)를 유지한다.

과도한 동작으로 인한 보상근육의 불편감이나 허리 통증을 주의한다.

레그 프레스(Leg Press)

1. 오픈엔드 방향으로 머리를 두고 눕는다. 두 다리는 스트랩(Strap)에 걸어 테이블 탑을 만들고 양발은 11자(or V자)로 유지한 채 양손은 수직바를 잡아 준다.

11자 스트레이트(Straight)

V자 프로그 레그(Frog Leg)

2. 코어 세팅하며 양발로 스트랩(Strap)을 밀어 준다.

목적

허리-골반 영역 안정화(Lumbo-pelvic Stability)

코어 근육 강화(Core Muscle Strengthening)

협응력 증진(Coordination Improvement)

복부-엉덩이-허리 근육의 동시 수축(Abdominal Muscle-Gluteal Muscle-Elector Spinae Co-Contraction)

다리 근육 강화(Lower Muscle Strengthening)

주요 효과

코어 근육(Core Muscle)

복근(Abdominal Muscle)

엉덩관절 굽힘근(Hip Flexor), 폄근(Hip Extensor), 벌림근(ABductor)

척추세움근(척추기립근, Elector Spinae)

주의 사항

목, 어깨 주변부의 근육들이 긴장되지 않게 주의한다.

복부에 긴장을 유지하며, 다리를 교차로 뻗는 동안 골반 중립 자세(Pelvic Netural Position)를 유지한다.

사이드 레그 시리즈(Side Leg Series)

1. 오픈엔드 방향으로 머리를 두고 옆으로 누운 자세(Side lying position)에서 위쪽 다리는 스트랩(Strap)을 걸어 천장 쪽으로 뻗어 주고, 반대쪽 다리는 아래로 길게 뻗어 고정시켜 준다. 아래쪽 손을 길게 뻗어 머리를 받치고, 위쪽 팔은 가슴 앞에 놓아 준다.

사이드 어덕터(Side Adductor)   사이드 프레스(Side Press)

2. 골반 정렬 맞추고 발목은 발등굽힘시키는 동시에 모음근을 수축시키며 스트랩(Strap) 아래 방향으로 눌렀다가 돌아온다.

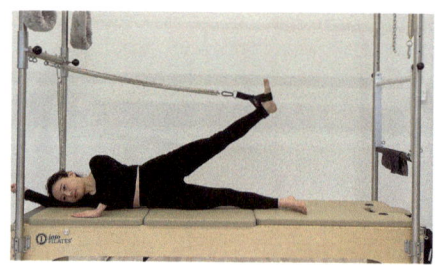

목적
허리-골반 영역 안정화(Lumbo-pelvic Stability)
코어 근육 강화(Core Muscle Strengthening)
협응력 증진(Coordination Improvement)
복부-엉덩이-허리 근육의 동시 수축(Abdominal Muscle-Gluteal Muscle-Elector Spinae Co-Contraction)
엉덩관절 벌림근 및 모음근 강화(Hip Abductor & Adductor Strengthening)

주요 효과
코어 근육(Core Muscle)
복근(Abdominal Muscle)
엉덩관절 굽힘근(Hip Flexor), 폄근(Hip Extensor), 벌림근(ABductor), 모음근(Adductor)
척추세움근(척추기립근, Elector Spinae)

주의 사항
목, 어깨 주변부의 근육들이 긴장되지 않게 주의한다.
동작 시작 전 골반은 중립을 유지하며 동작 중 허리만 과하게 젖히지 않게 주의한다.

트라페즈 브릿지(Trapeze bridge)

1. 타워엔드 방향에 머리를 두고 바로 누운 자세(Supine position)에서, 양손은 골반 옆에 두고, 양발은 트라페즈 슬링에 걸어 다리를 뻗어 준다.

11 자 스트레이트(Straight)

V 자 프로그 레그(Frog Leg)

2. 복부를 수축하는 동시에 슬링에 걸어 둔 발목을 눌러 준다. 골반을 천장 쪽으로 끌어 올려 몸통을 사선으로 만들어 유지한다.

<응용 동작> 발의 포지션에 따른 변형

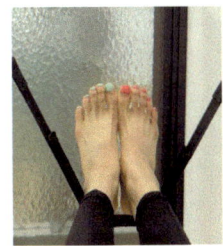 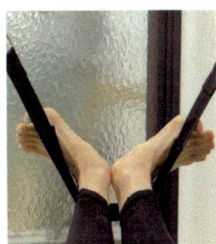 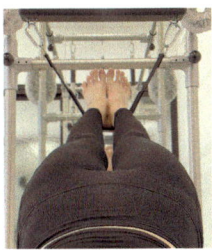 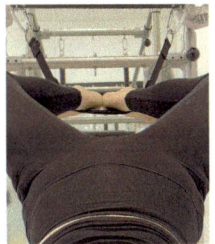

목적

허리-골반 영역 안정화(Lumbo-pelvic Stability)

코어 근육 강화(Core Muscle Strengthening)

협응력 증진(Coordination Improvement)

복부-엉덩이-허리 근육의 동시 수축(Abdominal Muscle-Gluteal Muscle-Elector Spinae Co-Contraction)

척추 분절 움직임 증진(Spine Articulation Movement Improvement)

주요 효과

코어 근육(Core Muscle)

복근(Abdominal Muscle)

엉덩관절 폄근(Hip Extensor), 벌림근(ABductor) 척추세움근(척추기립근, Elector Spinae)

주의 사항
목, 어깨 주변부의 근육들이 긴장되지 않게 주의한다.
골반 중립을 유지하며 허리-골반(Lumbo-Pelvic) 영역의 안정성(Stability)을 유지한다.
골반을 들어 올리는 동안 골반-허리-등 순으로 순차적으로 움직임이 나올 수 있게 유도한다.
특정 분절의 과운동성이나 저운동성이 나타나지 않게 주의한다.

트라페즈 플랭크(Trapeze Plank)

1. 팔꿈치를 구부려 박스(or 매트) 위에 두고 양다리는 트라페즈 슬링에 걸어 플랭크(Plank) 자세를 만들어 준다.

<응용 동작> 잭 나이프

1. 무릎을 구부려 가슴 쪽으로 당겨 왔다가 플랭크(Plank) 자세로 돌아간다.

2. 무릎을 펴 낸 상태에서 물구나무서듯 골반을 당겨와 ㄱ 자를 만들었다가 플랭크(Plank) 자세로 돌아간다.

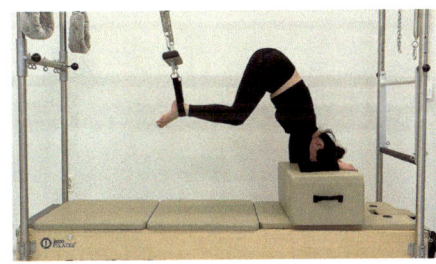 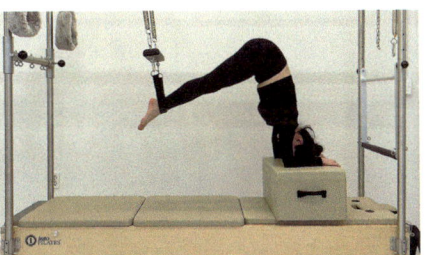

목적
허리-골반 영역 안정화(Lumbo-pelvic Stability)
코어 근육 강화(Core Muscle Strengthening)
협응력 증진(Coordination Improvement)
복부-엉덩이-허리 근육의 동시 수축(Abdominal Muscle-Gluteal Muscle-Elector Spinae Co-Contraction)

주요 효과
코어 근육 Core Muscle)
복근(Abdominal Muscle)
척추세움근(척추기립근, Elector Spinae)
어깨관절 안정화 근육(Shoulder Stabilizer)

주의 사항
지지하는 팔이 무너지거나 목이 과도하게 긴장되지 않도록 밀어 내는 힘을 유지한다.
척추 정렬이 무너지지 않게 주의한다.
복부에 긴장을 유지하며, 몸통과 엉덩이가 일직선이 되도록 유지한다.

트라페즈 레그 스트레칭
(Trapeze Leg Stretching)

1. 바로 선 자세(Standing position)에서 양손으로 캐딜락 수평바를 잡고 한쪽 다리는 트라페즈 위에 올린다.

2. 들이마시고 내쉬는 호흡에 복부를 수축하여 허리-골반을 안정화시키는 동시에 트라페즈 쪽 다리를 밀어 내며 스트레칭한다.

목적
다리관절 스트레칭(Leg Joint Stretching)
엉덩관절 가동성 운동(Hip Joint ROM Exercise)

주요 효과
엉덩관절 굽힘근(Hip Flexor), 폄근(Hip Extensor), 모음근(Hip Adductor) 스트레칭
무릎관절 폄근 스트레칭(Knee Extensor Stretching)
발목관절 발바닥굽힘근 스트레칭(Ankle PlantaFlexor Stretching)

주의 사항
목, 어깨 주변부의 근육들이 긴장되지 않게 주의한다.
동작 시작 전 골반은 중립을 유지하며 동작 중 허리-골반을 과하게 젖히지 않게 주의한다.

행잉 시리즈(Hanging series)

1. 양손으로 수평바를 잡고, 양발을 트라페즈에 하나씩 올려 고정한 후 골반을 아래쪽으로 떨어트려 몸을 V 자로 만든 채 유지한다.

2. (행잉 업) 골반을 끌어 올려 몸통을 일직선으로 만든다.

<응용 동작>

행잉 동작 시 방향의 다양성이나 풀업으로 응용 가능하다.

3. (행잉 익스텐션) 가슴을 펴고 골반을 천장 쪽으로 밀어 내며, 고개를 넘겨 척추를 편다.

목적
전신 근력 운동(Whole body Muscle Strengthening)
척추 분절 움직임 증진(Spine Articulation Movement Improvement)
협응력 증진(Coordination Improvement)
복부-엉덩이-허리 근육의 동시 수축(Abdominal Muscle-Gluteal Muscle-Elector Spinae Co-Contraction)

주요 효과
코어 근육(Core Muscle)
복근(Abdominal Muscle)
엉덩관절 폄근(Hip Extensor)
척추세움근(척추기립근, Elector Spinae)
팔 근육(Upper Muscle)

주의 사항
목, 어깨 주변부의 근육들이 긴장되지 않게 주의한다.
어깨, 팔꿈치, 손목관절의 통증에 주의한다.

7.

체어 필라테스
CHAIR PILATES

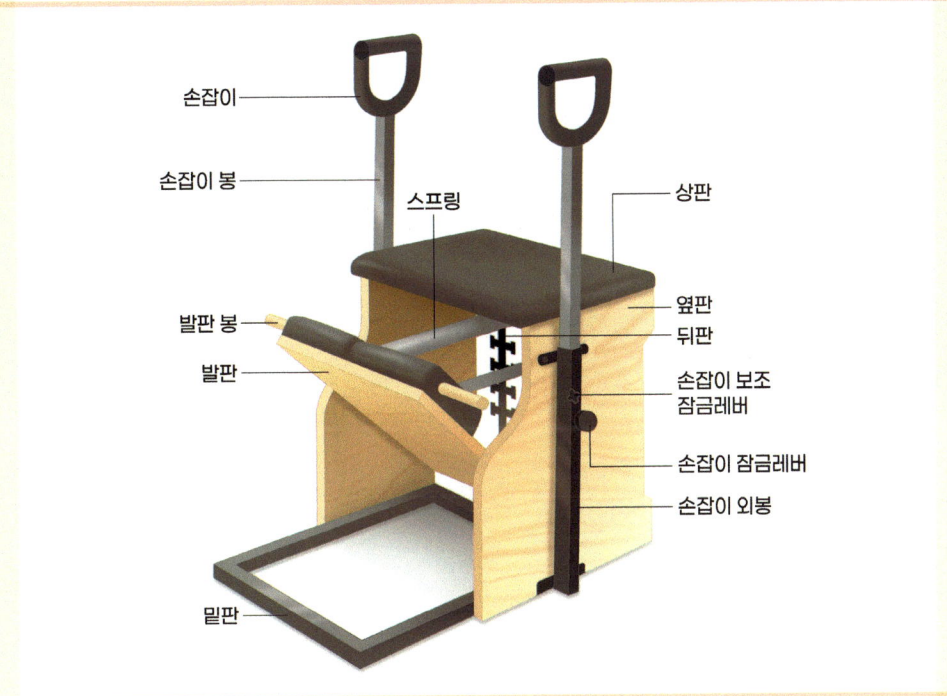

◆ 체어의 구조와 명칭 ◆

체어라고 불리는 이 기구는 전신 근육 강화와 근육의 불균형을 조절할 수 있으며 특히 하체의
근력이나 균형감각을 향상시키는 데 최적의 기구이다.
개개인의 운동 능력에 따라 스프링을 조절하며 맞춤 운동이 가능하다.

햄스트링 스트레칭(Hamstring Stretching)

1. 페달 정면을 바라보며 발을 평행하게 골반 너비로 선 채로 팔을 앞으로 길게 뻗어 준다.

2. 양손을 페달에 닿게 두고 천천히 롤 다운시켜 주면서 가동 범위 내에서 천천히 페달을 아래 방향으로 누르며 내려갔다 제자리로 돌아온다.

목적
척추 스트레칭(Spine Stretching)
다리 스트레칭(Leg Joint Stretching)

주요 효과
몸통 폄근(Trunk Extensor Stretching)
엉덩관절 폄근 스트레칭(Hip Joint Extensor Stretching)
무릎관절 굽힘근 스트레칭(Knee Flexor Stretching)

주의 사항
가동 범위(ROM)가 제한될 시 서서히 늘려 준다.
특정 분절의 과운동성이나 저운동성에 주의한다.

카프 스트레칭(Calf Stretching)

1. 체어 양 페달을 발 앞꿈치로 밟고, 양손으로 핸들을 잡아 바르게 선 상태에서 뒤꿈치를 위로 높게 들어 종아리 근육을 수축시켰다가 바닥 방향으로 눌러 내며 종아리 근육을 스트레칭한다.

2. 반대로 한쪽씩 번갈아 가며 뒤꿈치를 바닥 방향으로 눌러 냈다가 제자리로 돌아온다.

더블 레그(Double Leg)   싱글 레그(Single Leg)

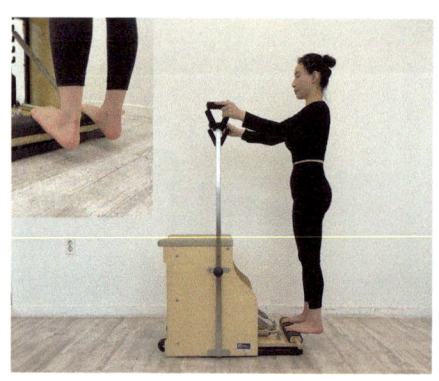

목적
발목관절 안정화(Ankle Joint Stability)
발목관절 움직임 증진(Ankle Joint Movement Improvement)
발목관절 스트레칭(Ankle Joint Stretching)

주요 효과
발목관절 발바닥굽힘근(Ankle PlantaFlexor), 발등굽힘근(Ankle Dorsi Flexor)

주의 사항
목, 어깨 주변부의 근육들이 긴장되지 않게 주의한다.
발목관절 최대 가동성 범위까지 움직임을 수행한다.

발목 가동성 운동(Ankle Joint Movement)

1. 체어 페달을 보고 바르게 서서 양손을 체어 시트 위에 올려 척추를 사선으로 길게 뻗어 내며 어깨를 고정시켜 준다. 이때 한쪽 발 앞꿈치는 페달 위에 올리고 무릎을 시트 가장자리에 고정시킨다.

2. 발목관절 외 다른 관절들은 움직이지 않게 고정시킨 상태에서 페달을 천천히 밀어내며 발바닥굽힘시켰다가 천천히 발등굽힘시켜 시작 자세로 돌아온다.

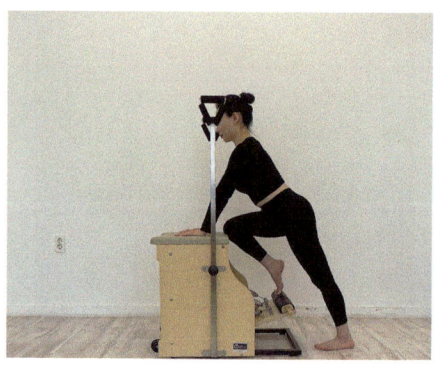

목적
발목관절 안정화(Ankle Joint Stability)
발목관절 움직임 증진(Ankle Joint Movement Improvement)
발목관절 스트레칭(Ankle Joint Stretching)

주요 효과
발목관절 발바닥굽힘근(Ankle PlantaFlexor), 발등굽힘근(Ankle Dorsi Flexor)

주의 사항
목, 어깨 주변부의 근육들이 긴장되지 않게 주의한다.
발목관절 최대 가동성 범위까지 움직임을 수행한다.

머메이드(Mermaid)

1. 체어 페달 쪽 다리를 측면에 앉아서 무릎을 구부리고, 반대쪽 다리는 가쪽돌림시켜 길게 뻗어 낸다. 양팔을 옆으로 열어 준다.

2. 아래 팔로 페달을 누르는 동시에 몸을 페달 방향으로 가쪽굽힘시키면서 반대쪽 팔을 사선 방향으로 길게 뻗어 주며 옆면을 스트레칭한다.

3. 몸을 앞쪽, 뒤쪽으로 회전시켜 앞면과 뒷면도 확장될 수 있게 한다.

목적

척추 스트레칭(Spine Stretching)
척추 분절 움직임 증진(Spine Articulation Movement Improvement)
어깨관절 스트레칭(Shoulder Stretching)

주요 효과

몸통 가쪽굽힘근 스트레칭(Trunk Lateral Flexor Stretching)
몸통 돌림근 스트레칭(Trunk Rotator Stretching)
어깨관절 모음근 스트레칭(Shoulder Adductor Stretching)

주의 사항

특정 분절의 과운동성이나 저운동성이 나타나지 않게 주의한다.
측면부 스트레칭 시 체간이 무너지지 않게 주의한다.
골반이나 다리 정렬의 변화가 나타나지 않게 주의한다.
가동 범위(ROM)가 제한될 시 서서히 늘려 준다.

스파인 스트레칭(Spine Stretching)

1. 체어 페달을 보고 앉아 다리를 열어 주고 척추는 길게 뻗어 페달 측면의 발판봉을 잡는다.

2. 몸통 굽힘근을 수축하여 둥글게 말아 척추후관절을 열어 준다.

3. 반대로 가슴을 앞쪽으로 밀어 내며 척추후관절을 닫아 준다.

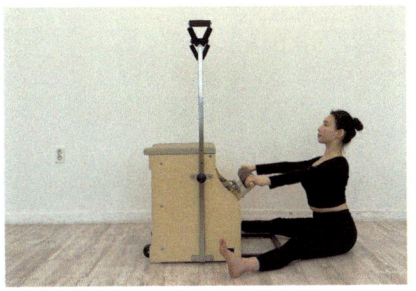

목적
척추 스트레칭(Spine Stretching)
척추 분절 움직임 증진(Spine Articulation Movement Improvement)

주요 효과
몸통 폄근 스트레칭(Trunk Extensor Stretching)

주의 사항
머리-목-등 순으로 순차적으로 움직임이 나올 수 있게 유도한다.
특정 분절의 과운동성이나 저운동성이 나타나지 않게 주의한다.
골반이나 다리 정렬의 변화가 나타나지 않게 주의한다.
가동 범위(ROM)가 제한될 시 서서히 늘려 준다.

딥스(Dips)

1. 체어를 등지고 숏 박스(Short Box) 위에 척추를 세워 앉는다. 팔꿈치를 구부려서 손가락이 몸쪽을 향하도록 페달 위에 두고 고정한다.

앉은 자세(Sitting Position)

바로 선 자세(Standing Position)

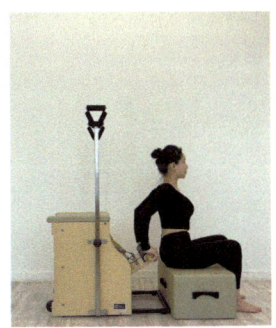

2. 팔꿈관절을 폄시켜 페달을 아래 방향으로 눌러 밀어 낸 후 제자리로 돌아온다.

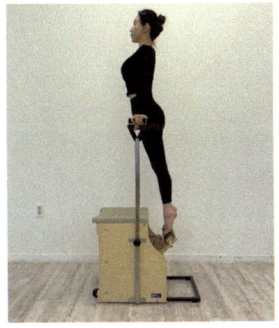

목적
어깨관절 강화(Shoulder Strengthening)
상지 근육 강화(Upper Muscle Strengthening)

주요 효과
어깨관절 폄근(Shoulder Extensor)
팔꿈관절 폄근(Elbow Extensor)

주의 사항
목, 어깨 주변부의 근육들이 긴장되지 않게 주의한다.
위팔뼈 머리의 과도한 돌출에 주의한다.
페달을 눌러 내는 동안 몸통이 무너지지 않게 유지한다.

레그 펌프
- 싱글 & 더블(Leg Pumps - Single & Double)

1. 시트 3/1 앞에 앉아 페달 위에 양발을 올리고 양손으로 핸들을 잡고 척추 길게 뻗어 준다.

2. 골반 중립 상태 유지하고 다리 정렬 맞춰 페달을 눌러 준다.

더블 레그(Double Leg)

싱글 레그(Single Leg)

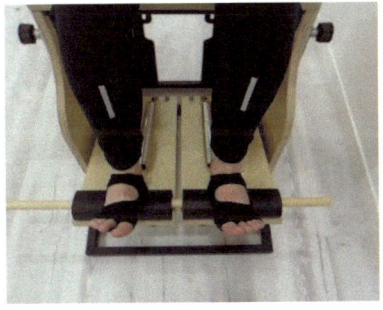

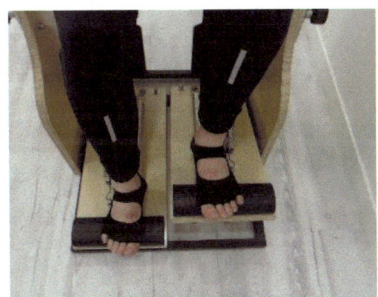

응용 동작 - 다양한 발의 위치 변화

11 자 Position - Hindfoot

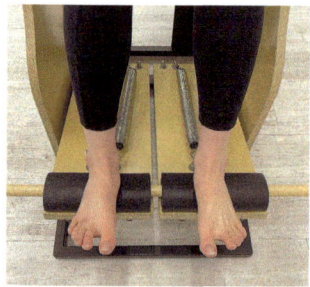

11 자 Position - Forefoot

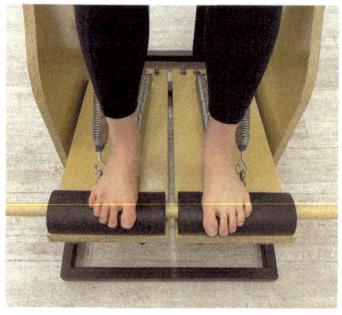

Single Leg

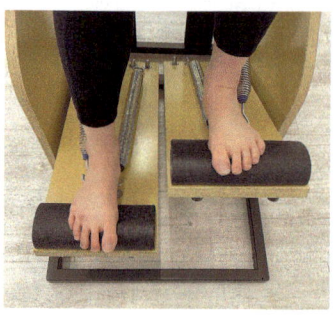

V Position Toe & Heel

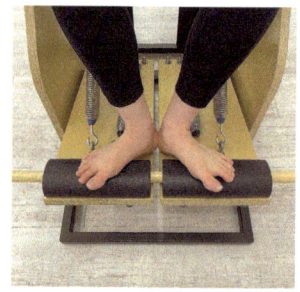

양발을 V 자로 만들어 뒤꿈치만 붙여 풋바에 발볼을 고정한다.
엉덩관절 모음근 및 가쪽돌림근육 활성도를 높이기 위한 포지션

Wide V Position Toe & Heel

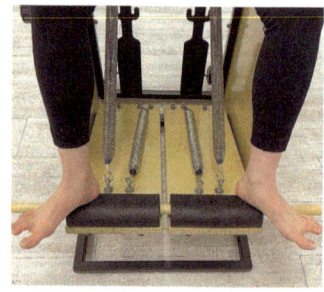

풋바 모서리에 뒤꿈치를 놓고 발은 가쪽돌림시켜 발끝을 몸쪽으로 당겨 준다.
엉덩관절 폄근 및 가쪽돌림근육 활성도를 높이기 위한 포지션

목적
허리-골반 영역 안정화(Lumbo-pelvic Stability)
협응력 증진(Coordination Improvement)
하지 근육 강화(Lower Muscle Strengthening)
발목 안정화(Ankle Stability)

주요 효과
코어 근육(Core Muscle)
척추세움근(척추기립근, Elector Spinae)
엉덩관절 굽힘근(Hip Flexor), 폄근(Hip Extensor), 벌림근(Abductor), 모음근(Adductor)
무릎관절 굽힘근(Knee Flexor), 폄근(Knee Extensor)
발목관절 발바닥굽힘근(Ankle PlantaFlexor), 발등굽힘근(Ankle Dorsi Flexor)

주의 사항
몸통이 무너지지 않게 지지하는 팔과 어깨를 끌어내며 척추를 길게 뻗어 내는 힘을 유지한다.
허리가 과젖힘되지 않게 골반 중립 자세를 유지한다.

스케퓰라 아이솔레이션(Scapula Isolation)

1. 체어 시트 위에 골반을 대고 엎드려 양손을 페달에 올려놓는다. 양손을 페달 위에 놓고 어깨가슴관절을 내밈시킨다.

2. 팔꿈치가 구부려지지 않게 유지한 상태에서 천천히 어깨가슴관절을 들임시킨다.

더블 암(Double Arm)

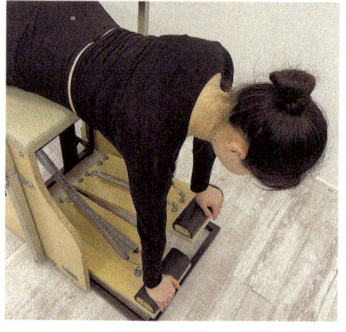

싱글 암(Single Arm)

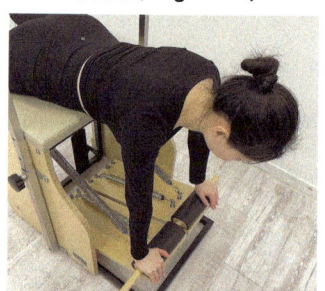

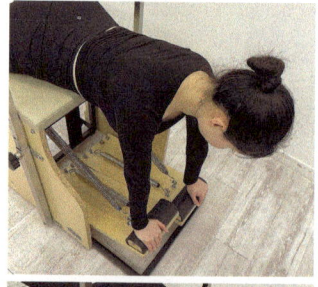

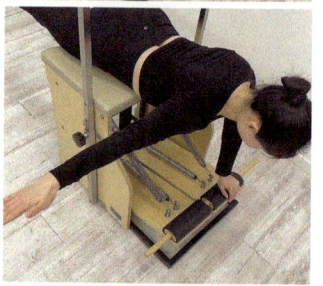

목적

어깨가슴관절의 움직임 증진(Scapulothoracic Joint Movement Improvement)

어깨가슴관절의 움직임 인지(Scapulothoracic Joint Cognitive Movement)

허리-골반 영역 안정화(Lumbo-pelvic Stability)

복부-엉덩이-허리 근육의 동시 수축(Abdominal Muscle-Gluteal Muscle-Elector Spinae Co-Contraction)

코어 근육 강화(Core Muscle Strengthening)

주요 효과

어깨가슴관절 내밈 근육(Scapular Protractor), 들임 근육(Scapular Retractor)

코어 근육(Core Muscle)

척추세움근(척추기립근, Elector Spinae)

엉덩관절 폄근(Hip Extensor)

주의 사항

머리의 과도한 젖힘에 주의한다.

목, 어깨 주변부의 근육들이 긴장되지 않게 주의한다.

복부에 긴장을 유지하며, 갈비뼈 하부가 과하게 돌출되지 않게 유의한다.

체스트 프레스(Chest Press)

1. 시트에 골반 중앙을 고정시켜 엎드린다. 머리부터 발끝까지 일직선 유지하고, 양손은 페달 위에 고정시킨다.

2. 어깨뼈를 안정화시킨 상태에서 천천히 팔꿈치를 구부려 페달 가슴 쪽으로 당겨 왔다가 제자리로 밀어 낸다.

<응용 동작>

페달을 분리해 한 팔씩 번갈아 가면서 진행한다.

목적

허리-골반 영역 안정화(Lumbo-pelvic Stability)

복부-엉덩이-허리 근육의 동시 수축(Abdominal Muscle-Gluteal Muscle-Elector Spinae Co-Contraction)

코어 근육 강화(Core Muscle Strengthening)

어깨관절 강화(Shoulder Strengthening)

상지 근육 강화(Upper Muscle Strengthening)

주요 효과

복근 (Abdominal Muscle)

코어 근육(Core Muscle)

척추세움근(척추기립근, Elector Spinae)

엉덩관절 폄근(Hip Extensor)

어깨관절 수평벌림근(Shoulder Horizontal Abductor), 수평모음근(Shoulder Horizontal Adductor)

주의 사항

목, 어깨 주변부의 근육들이 긴장되지 않게 주의한다.

복부에 긴장을 유지하며, 팔를 움직이는 동안 허리-골반(Lumbo-Pelvic) 영역의 안정성(Stability)을 유지한다.

스완 다이브(Swan Dive)

1. 시트에 골반 중앙을 고정시켜 엎드리고 머리부터 발끝까지 일직선으로 유지한 채 양손을 페달 위에 고정시킨다.

2. 복부를 수축시켜 척추를 폄시킨다. 이때 양손은 계속 페달 밀어 내는 힘을 준다.

3. 몸통을 앞으로 기울이며, 다리는 뒤로 뻗어 준다. 이때 활 모양과 어깨는 안정화를 유지하고 시작 위치로 돌아온다.

목적
몸통 굽힘근 스트레칭(Trunk Flexor Stretching)
몸통 폄근 강화(Trunk Extensor Strengthening)
코어 근육 강화(Core Muscle Strengthening)
협응력 증진(Coordination Improvement)

주요 효과
코어 근육(Core Muscle)
척추세움근(척추기립근, Elector Spinae)
엉덩관절 폄근(Hip Extensor)
어깨 안정화근(Scapular Stabilizers)
몸통 안정화 근육(Trunk Stabilizers)

주의 사항
목, 어깨 주변부의 근육들이 긴장되지 않게 주의한다.
특정 분절의 과운동성이나 저운동성이 나타나지 않게 주의한다.

사이드 시리즈 #1(Side Series #1)

1. 옆으로 누운 자세(Side Lying Position)에서 골반은 시트 중앙에 위치시키고 위쪽 손은 핸들 위에, 아래쪽 손은 페달을 눌러 고정한 상태에서, 다리는 길게 뻗어 유지한다.

사이드 레그 리프트(Side leg lift)

사이드 비트(Side beats)

2-1. (사이드 레그 리프트) 내쉬는 호흡에 아래쪽 다리를 수평하게 유지하며 위쪽 다리를 길게 뻗어 위로 들어 올려 준다.

2-2. (사이드 비트) 위쪽 다리의 높이를 유지하면서 아래쪽 다리로 위쪽 다리를 터치 후 제자리로 돌아온다.

목적
엉덩관절 벌림근 및 모음근 강화(Hip Abductor & Adductor Strengthening)
허리-골반 영역 안정화(Lumbo-pelvic Stability)
코어 근육 강화(Core Muscle Strengthening)
협응력 증진(Coordination Improvement)

주요 효과
코어 근육(Core Muscle)
엉덩관절 벌림근(Hip Abductor), 모음근(Hip Adductor)
어깨 안정화근(Scapular Stabilizers)
몸통 안정화 근육(Trunk Stabilizers)

주의 사항
지지하는 팔이 무너지거나 목이 과도하게 긴장되지 않도록 밀어 내는 힘을 유지한다. 신체의 올바른 정렬을 인식하고, 체간과 골반이 무너지지 않게 균형을 잡는 것이 중요하다.

사이드 시리즈 #2(Side Series #2)

1. 옆으로 누운 자세(Side Lying Position)에서 골반은 시트 중앙에 위치시키고 위쪽 손은 핸들 위에, 아래쪽 손은 페달을 눌러 고정한 상태에서, 다리는 길게 뻗어 유지한다.

사이드 밴드(Side Bend)   사이드 트위스트(Side Twist)

2-1. (사이드 밴드) 어깨와 골반 안정화시킨 후 몸통 측면부 근육을 수축시켜 가쪽굽힘시킨다.

2-2. (사이드 트위스트) 사선으로 핸들을 향해 몸통과 다리를 비스듬하게 들어 올린다.

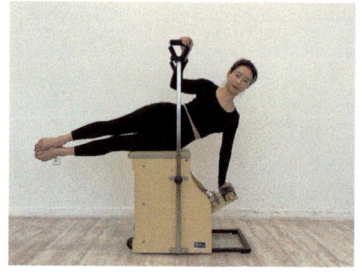

목적
허리-골반 영역 안정화(Lumbo-pelvic Stability)
코어 근육 강화(Core Muscle Strengthening)
협응력 증진(Coordination Improvement)
복부-허리 근육의 동시 수축(Abdominal Muscle-Gluteal Muscle-Elector Spinae Co-Contraction)
척추 분절 움직임 증진(Spine Articulation Movement Improvement)

주요 효과
코어 근육(Core Muscle)
복근(Abdominal Muscle)
척추세움근(척추기립근, Elector Spinae)
어깨 안정화근(Scapular Stabilizers)

주의 사항
지지하는 팔이 무너지거나 목이 과도하게 긴장되지 않도록 밀어 내는 힘을 유지한다. 신체의 올바른 정렬을 인식하고, 체간과 골반이 무너지지 않게 균형을 잡는 것이 중요하다.

티저(Teaser)

1. 체어 시트 중앙에 앉아 두 손은 손가락이 뒤쪽을 향하게 페달에 두고, 두 다리는 테이블 탑(Table Top)을 만든 후 척추를 사선으로 길게 유지한다.

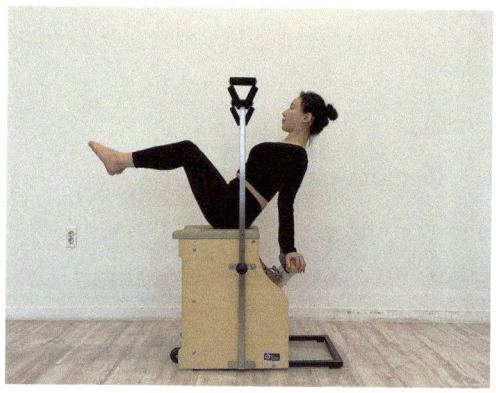

2. 무게 중심이 무너지지 않게 두 다리를 뻗어 낸 후 제자리로 돌아온다.

목적

허리-골반 영역 안정화(Lumbo-pelvic Stability)
코어 근육 강화(Core Muscle Strengthening)
협응력 증진(Coordination Improvement)
복부-허리 근육의 동시 수축(Abdominal Muscle-Gluteal Muscle-Elector Spinae Co-Contraction)
척추 분절 움직임 증진(Spine Articulation Movement Improvement)

주요 효과

코어 근육(Core Muscle)
복근(Abdominal Muscle)
척추세움근(척추기립근, Elector Spinae)
엉덩관절 굽힘근(Hip Flexor)

주의 사항

목, 어깨 주변부의 근육들이 긴장되지 않게 주의한다.
동작 시작 전 골반은 중립을 유지하며 동작 중 허리가 과젖힘되거나 굽지 않게 주의한다.

스탠딩 레그 펌프(Standing Leg Pumps)

1. 체어에 정면(옆면)으로 서서 두 다리의 정렬을 맞추고 한쪽 다리는 페달 위에 올린다.

스탠딩 레그 펌프　　　　　사이드 스탠딩 레그 펌프
(Standing Leg Pumps)　　　(Side Standing Leg Pumps)

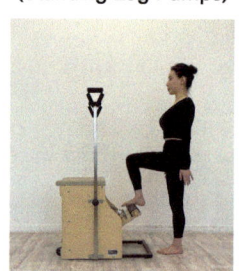 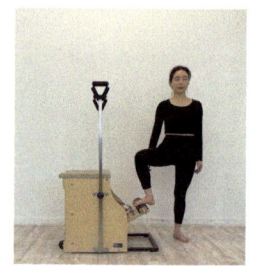 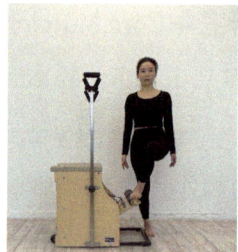

2. 골반 중립으로 유지하고 호흡과 같이 천천히 페달을 바닥에 닿기 직전까지만 눌렀다가 제자리로 돌아온다.

<응용 동작>

균형 유지가 어려울 경우 손으로 핸들을 잡고 진행한다.

목적

허리-골반 영역 안정화(Lumbo-pelvic Stability)

협응력 증진(Coordination Improvement)

균형 증진(Balance Improvement)

하지 근육 강화(Lower Muscle Strengthening)

발목 안정화(Ankle Stability)

주요 효과

코어 근육(Core Muscle)

척추세움근(척추기립근, Elector Spinae)

엉덩관절 굽힘근(Hip Flexor), 폄근(Hip Extensor), 벌림근(Abductor), 모음근(Adductor)

무릎관절 굽힘근(Knee Flexor), 폄근(Knee Extensor)

발목관절 발바닥굽힘근(Ankle PlantaFlexor), 발등굽힘근(Ankle Dorsi Flexor)

주의 사항

신체의 올바른 정렬을 인식하고, 타깃 근육에 집중한다.

자세유지근을 활성화시켜 밸런스에 집중한다.

잭 나이프(Jack Knife)

1. 체어 앞에 서서 앞꿈치로 페달을 밟고 손은 체어 시트의 양옆이나 뒤쪽 모서리를 잡는다.

Rectus Abdominis   Oblique Muscle   Side Leg Lift

2. 척추를 둥글게 말아 시선은 허벅지 사이를 보고 몸통의 굽힘근을 수축시킨다.

3. 어깨가 무너지지 않게 유지하며 골반을 천장 쪽으로 끌어 올린다.

목적
허리-골반 영역 안정화(Lumbo-pelvic Stability)
코어 근육 강화(Core Muscle Strengthening)
협응력 증진(Coordination Improvement)
복부-엉덩이-허리 근육의 동시 수축(Abdominal Muscle-Gluteal Muscle-Elector Spinae Co-Contraction)

주요 효과
코어 근육(Core Muscle)
복근(Abdominal Muscle)
척추세움근(척추기립근, Elector Spinae)
어깨관절 안정화 근육(Shoulder Stabilizer)

주의 사항
지지하는 팔이 무너지거나 목이 과도하게 긴장되지 않도록 밀어 내는 힘을 유지한다.
척추 정렬이 무너지지 않게 주의한다.
복부에 긴장을 유지하며, 몸통과 엉덩이가 일직선이 되도록 유지한다.

스텝 업(Step Up)

1. 체어 시트 위에 서서 양손은 핸들을 잡고, 한쪽 발은 시트 가장자리에 맞춰 놓고 반대쪽 발볼은 페달 위에 올려놓는다.

Step Up   Arm Reaching   Side Step Up

2. 골반을 정렬로 맞추고 머리에서부터 페달 쪽 다리까지 사선을 만들어 천천히 내려간 후 시트를 발바닥으로 밀어 내며 제자리로 돌아온다.

<응용 동작>

내려간 상태에서 자세 무너지지 않게 유지하며 페달 쪽 다리만 굽혔다가 펴 내는 동작을 반복한다.

목적

허리-골반 영역 안정화(Lumbo-pelvic Stability)
협응력 증진(Coordination Improvement)
균형 증진(Balance Improvement)
하지 근육 강화(Lower Muscle Strengthening)
발목 안정화(Ankle Stability)

주요 효과

코어 근육(Core Muscle)
척추세움근(척추기립근, Elector Spinae)
엉덩관절 굽힘근(Hip Flexor), 폄근(Hip Extensor), 벌림근(Abductor), 모음근(Adductor)
무릎관절 굽힘근(Knee Flexor), 폄근(Knee Extensor)
발목관절 발바닥굽힘근(Ankle PlantaFlexor), 발등굽힘근(Ankle Dorsi Flexor)

주의 사항

목, 어깨 주변부의 근육들이 긴장되지 않게 주의한다.
신체의 올바른 정렬을 인식하고, 타깃 근육에 집중한다.
자세유지근을 활성화시켜 밸런스에 집중한다.

롤 오버(Roll Over)

1. 체어 페달 아래쪽에 바르게 누운 채 양팔을 뻗어 페달 측면의 바를 잡고 양다리를 천장 방향으로 뻗어 준다.

2. 두 다리를 살짝 내렸다가 머리 방향을 향해 위로 넘겨 주면서 척추를 하나하나 매트에서 말아 올라간다.

3. 다시 호흡과 함께 반대로 척추를 매트에 도장 찍듯이 분절하며 시작 자세로 돌아온다.

<응용 동작> 잭 나이프

골반의 위치를 유지하며 두 다리를 천장으로 포물선 그리듯 밀어 올린다.

목적

척추 스트레칭(Spine Stretching)

척추 분절 운동(Spine Articulation Exercise)

코어 근육 강화(Core Muscle Strengthening)

협응력 증진(Coordination Improvement)

복부 강화(Abdominal Strengthening)

주요 효과

코어 근육(Core Muscle)

복근(Abdominal Muscle)

어깨 안정화근(Scapular Stabilizers)

엉덩관절 굽힘근(Hip Flexor), 폄근(Hip Extensor)

주의 사항

반동을 써서 과도하게 움직이지 않게 주의한다.

목, 어깨 부위에 과도한 긴장이나 무리가 가지 않도록 주의한다.

브릿지(Bridge)

1. 체어를 발 아래에 두고 매트에 바로 눕는다. 양손은 골반 옆에 놓고 양 무릎은 구부려 페달에 놓는다.

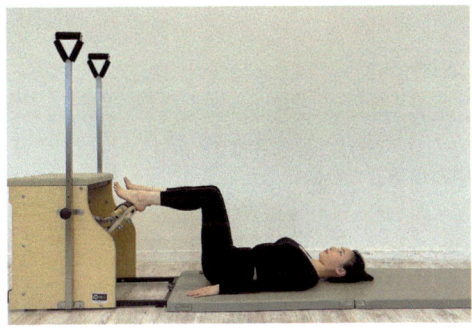

2. 복부 수축하는 동시에 양손으로 바닥을 눌러 내며 두 발로 페달이 움직이지 않을 만큼만 지그시 눌러 균형을 잡는다. 골반-허리-등 순으로 서서히 골반을 천장 쪽으로 들어 올렸다가 가슴에서부터 발끝까지 사선 유지한 후 척추 분절시키며 되돌아온다.

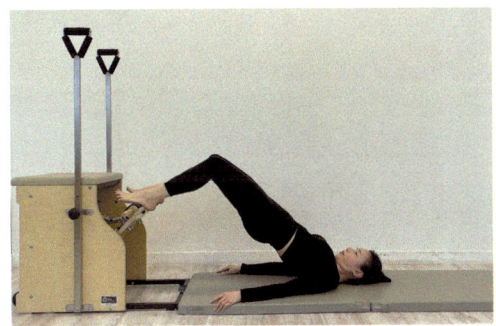

목적

허리-골반 영역 안정화(Lumbo-pelvic Stability)

코어 근육 강화(Core Muscle Strengthening)

협응력 증진(Coordination Improvement)

복부-엉덩이-허리 근육의 동시 수축(Abdominal Muscle-Gluteal Muscle-Elector Spinae Co-Contraction)

척추 분절 움직임 증진(Spine Articulation Movement Improvement)

주요 효과

코어 근육(Core Muscle)

복근(Abdominal Muscle)

엉덩관절 폄근(Hip Extensor)

척추세움근(척추기립근, Elector Spinae)

주의 사항

목, 어깨 주변부의 근육들이 긴장되지 않게 주의한다.

골반 중립을 유지하며 허리-골반(Lumbo-Pelvic) 영역의 안정성(Stability)을 유지한다.

골반을 들어 올리는 동안 골반-허리-등 순으로 순차적으로 움직임이 나올 수 있게 유도한다.

특정 분절의 과운동성이나 저운동성이 나타나지 않게 주의한다.

싱글 레그 브릿지(Single Leg Bridge)

1. 천장을 바라보며 매트에 눕는다. 양손은 골반 옆에 놓고 양 무릎은 구부려 페달에 놓는다.

2. 복부 수축하는 동시에 양손으로 바닥을 눌러 내며 두 발로 페달이 움직이지 않을 만큼만 지그시 눌러 균형을 잡는다. 골반-허리-등 순으로 서서히 골반을 천장 쪽으로 들어 올렸다가 가슴에서부터 발끝까지 사선 유지한 후 척추 분절시키며 되돌아온다.

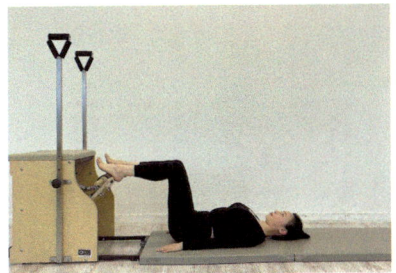 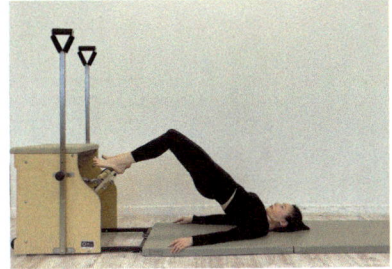

3. 허리-골반 정렬을 유지하며 한쪽 다리를 가볍게 들어 올린다. 반대쪽도 동일하게 진행한다.

목적

허리-골반 영역 안정화(Lumbo-pelvic Stability)

코어 근육 강화(Core Muscle Strengthening)

협응력 증진(Coordination Improvement)

복부-엉덩이-허리 근육의 동시 수축(Abdominal Muscle-Gluteal Muscle-Elector Spinae Co-Contraction)

척추 분절 움직임 증진(Spine Articulation Movement Improvement)

주요 효과

코어 근육(Core Muscle)

복근(Abdominal Muscle)

엉덩관절 폄근(Hip Extensor), 벌림근(ABductor) 척추세움근(척추기립근, Elector Spinae)

주의 사항

목, 어깨 주변부의 근육들이 긴장되지 않게 주의한다.

골반 중립을 유지하며 허리-골반(Lumbo-Pelvic) 영역의 안정성(Stability)을 유지한다.

골반을 들어 올리는 동안 골반-허리-등 순으로 순차적으로 움직임이 나올 수 있게 유도한다.

특정 분절의 과운동성이나 저운동성이 나타나지 않게 주의한다.

햄스트링 프레스(Hamstring Press)

1. 천장을 바라보며 매트에 눕는다. 양손은 골반 옆에 놓고 양 무릎은 구부려 페달에 놓는다.

11 자 Heel Position

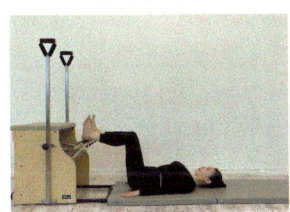

11 자 Toe Position

V Position Toe & Heel

2. 복부 수축하는 동시에 양손으로 바닥을 눌러 내며 두 발로 페달을 지그시 눌러 낸 후 제자리로 돌아온다.

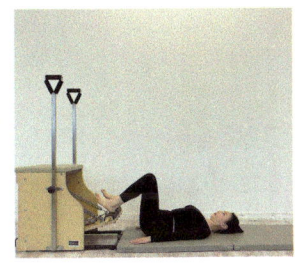
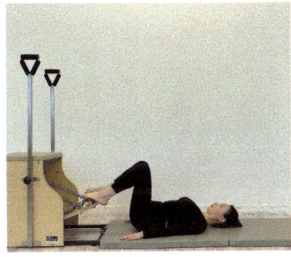

목적
허리-골반 영역 안정화(Lumbo-pelvic Stability)
코어 근육 강화(Core Muscle Strengthening)
협응력 증진(Coordination Improvement)
복부-엉덩이-허리 근육의 동시 수축(Abdominal Muscle-Gluteal Muscle-Elector Spinae Co-Contraction)
다리 근육 강화(Lower Muscle Strengthening)

주요 효과
코어 근육(Core Muscle)
복근(Abdominal Muscle)
엉덩관절 굽힘근(Hip Flexor), 폄근(Hip Extensor), 벌림근(ABductor)
척추세움근(척추기립근, Elector Spinae)

주의 사항
목, 어깨 주변부의 근육들이 긴장되지 않게 주의한다.
복부에 힘을 유지하며, 다리를 움직이는 동안 허리-골반(Lumbo-Pelvic) 영역의 안정성(Stability)을 유지한다.
다리의 과도한 움직임에 주의한다.

원 레그 햄스트링 프레스
(One Leg Hamstring Press)

1. 천장을 바라보며 매트에 눕는다. 양손은 골반 옆에 놓고 양 무릎은 구부려 페달에 놓는다.

싱글 레그(Single Leg)   크로스 레그(Cross Leg)   브릿지-크로스 레그(Bridge-Cross Leg)

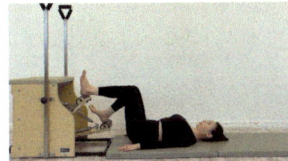

2-1. (싱글) 한쪽 다리는 천장 쪽으로 길게 뻗고 반대쪽 다리는 테이블 탑을 만든 후 발바닥을 페달에 놓고 햄스트링 수축시키며 페달을 눌러 낸다.

2-2. (크로스) 두 다리를 테이블 탑으로 만든 후 발뒤꿈치를 페달에 놓고 교차로 햄스트링 수축시키며 페달을 눌러 낸다.

2-3. (브릿지-크로스) 브릿지 동작으로 올라온 후 두 다리 교차로 햄스트링 수축시키며 페달을 눌러 낸다.

목적

허리-골반 영역 안정화(Lumbo-pelvic Stability)
코어 근육 강화(Core Muscle Strengthening)
협응력 증진(Coordination Improvement)
복부-엉덩이-허리 근육의 동시 수축(Abdominal Muscle-Gluteal Muscle-Elector Spinae Co-Contraction)
다리 근육 강화(Lower Muscle Strengthening)

주요 효과

코어 근육(Core Muscle)
복근(Abdominal Muscle)
엉덩관절 굽힘근(Hip Flexor), 폄근(Hip Extensor), 벌림근(ABductor)
척추세움근(척추기립근, Elector Spinae)

주의 사항

목, 어깨 주변부의 근육들이 긴장되지 않게 주의한다.
복부에 힘을 유지하며, 다리를 움직이는 동안 허리-골반(Lumbo-Pelvic) 영역의 안정성(Stability)을 유지한다.
다리의 과도한 움직임에 주의한다.

사이드 시리즈 #3(Side Series #3)

1. 옆으로 누운 자세(Side Lying Position)에서 양다리는 아래 방향으로 길게 뻗는다. 이때 위쪽 다리는 페달 위에 올려 준다.

어덕터 프레스
(Adductor Press)　　　사이드 레그 리프트
(Side Leg Lift)　　　사이드 비트(Side Beat)

2-1. (어덕터 프레스) 위쪽 다리로 페달을 지긋이 눌러 준다.

2-2. (사이드 레그 리프트) 위쪽 다리를 길게 뻗어 위로 들어 올려 준다.

2-3. (사이드 비트) 위쪽 다리의 높이 유지하면서 아래쪽 다리로 위쪽 다리를 터치 후 제자리로 돌아온다.

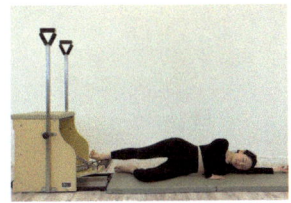

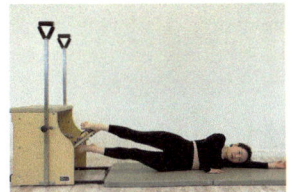

목적

허리-골반 영역 안정화(Lumbo-pelvic Stability)
코어 근육 강화(Core Muscle Strengthening)
협응력 증진(Coordination Improvement)
복부-엉덩이-허리 근육의 동시 수축(Abdominal Muscle-Gluteal Muscle-Elector Spinae Co-Contraction)
엉덩관절 벌림근 및 모음근 강화(Hip Abductor & Adductor Strengthening)

주요 효과

코어 근육(Core Muscle)
복근(Abdominal Muscle)
엉덩관절 굽힘근(Hip Flexor), 폄근(Hip Extensor), 벌림근(ABductor), 모음근(Adductor)
척추세움근(척추기립근, Elector Spinae)

주의 사항

목, 어깨 주변부의 근육들이 긴장되지 않게 주의한다.
복부에 힘을 유지하며, 다리를 움직이는 동안 허리-골반(Lumbo-Pelvic) 영역의 안정성(Stability)을 유지한다.
다리의 과도한 움직임에 주의한다.

8.

레더 바렐 필라테스
LADDER BARREL PILATES

◆ 레더 바렐의 구조와 명칭 ◆

레더와 바렐을 결합한 기구로 유연성 향상에 탁월하며 기능이 약화된
근육의 회복을 돕는 재활 기구이다.
비교적 가볍고 공간의 제약이 적으며 서거나 앉는 다양한 동작이 가능하다.

햄스트링 스트레칭(Hamstring Stretching)

1. 바렐 정면을 보고 서서 한쪽 다리를 바렐 정상에 올려 두고 양쪽 골반이 같은 위치에 있는지 확인한다.

2. 양손을 앞으로 나란히 뻗어 천천히 앞으로 기울인다.

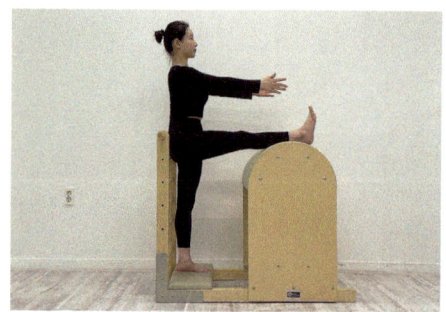 

<응용 동작> 써클링

발볼에 써클을 끼워 양손으로 잡는다. 골반은 Anterior Tilting을 유지하며 척추를 사선으로 길어진다는 느낌으로 앞으로 기울인다.

목적
다리 스트레칭(Leg Joint Stretching)

주요 효과
엉덩관절 폄근 스트레칭(Hip Joint Extensor Stretching)
무릎관절 굽힘근 스트레칭(Knee Flexor Stretching)

주의 사항
가동 범위(ROM)가 제한될 시 서서히 늘려 준다.
특정 분절의 과운동성이나 저운동성에 주의한다.

궁둥구멍근 스트레칭
(Piriformis Stretching)

1. 바렐 정면을 보고 서서 한쪽 다리를 접어 고정하고 반대쪽 다리는 길게 뻗어 준다. 양손은 앞으로 길게 뻗어 준다.

2. 몸통을 굽힘시켜 앞으로 가능한 만큼 내려간다. 이때 양손은 자연스럽게 같이 아래로 내려 준다.

목적
척추 스트레칭(Spine Stretching)
다리 스트레칭(Leg Joint Stretching)

주요 효과
몸통 폄근 스트레칭(Trunk Extensor Stretching)
엉덩관절 폄근 스트레칭(Hip Joint Extensor Stretching)
엉덩관절 가쪽돌림근 스트레칭(Hip Joint Lateral Rotator Stretching)

주의 사항
가동 범위(ROM)가 제한될 시 서서히 늘려 준다.
특정 분절의 과운동성이나 저운동성에 주의한다.

사이드 스트레칭(Side Stretching)

1. 바렐 측면을 보고 서서 한쪽 다리는 바렐 위에 올리고, 바렐 쪽 손은 제일 위쪽 레더, 반대쪽 손은 머리 위로 길게 뻗어 준다.

2. 양쪽 골반의 위치를 유지하면서 바렐 쪽으로 몸통을 가쪽굽힘시켜 스트레칭한다.

3. 상체를 뒤로 회전하여 가슴우리 앞면부가 스트레칭될 수 있도록 유지한다. 자세를 유지하며 가슴우리 앞면부가 최대한 확장될 수 있도록 호흡한다.

4. 상체를 앞으로 회전하여 가슴우리 후면부가 스트레칭될 수 있도록 유지한다. 자세를 유지하며 가슴우리 후면부가 최대한 확장될 수 있도록 호흡한다.

목적

어깨 스트레칭(Shoulder Stretching)

척추 스트레칭(Spine Stretching)

다리 스트레칭(Leg Joint Stretching)

주요 효과

몸통 가쪽굽힘근 스트레칭(Trunk Lateral Flexor Stretching)

몸통 폄근 스트레칭(Trunk Extensor Stretching)

어깨관절 모음근 스트레칭(Shoulder Adductor Stretching)

엉덩관절 모음근 스트레칭(Hip Joint Adductor Stretching)

무릎관절 굽힘근 스트레칭(Knee Flexor Stretching)

주의 사항

특정 분절의 과운동성이나 저운동성이 나타나지 않게 주의한다.

측면부 스트레칭 시 체간이 무너지지 않게 주의한다.

골반이나 다리에 보상성 변화가 나타나지 않게 주의한다.

가동 범위(ROM)가 제한될 시 서서히 늘려 준다.

롤 다운(Roll Down)

1. 바렐 중앙에서 살짝 내려와 앉아 양발은 레더에 올려놓고 머리에서부터 골반까지 척추 바로 세워 양손을 앞으로 나란히 뻗어 준다.

2. 몸통 굽힘근을 수축시켜 꼬리뼈부터 천천히 롤 다운시켜 내려간다.

목적

코어 근육 강화(Core Muscle Strengthening)

협응력 증진(Coordination Improvement)

척추 분절 움직임 증진(Spine Articulation Movement Improvement)

골반 움직임 증진(Pelvic Movement Improvement)

허리-골반 영역 안정화(Lumbo-pelvic Stability)

주요 효과

코어 근육(Core Muscle)

복근(Abdominal Muscle)

척추 가동 범위 운동(Spine Rom Exercise)

척추 분절 운동(Spine Articulation Exercise)

주의 사항

목, 어깨 주변부의 근육들이 긴장되지 않게 주의한다.

머리-목-등 순으로 순차적으로 움직임이 나올 수 있게 유도한다.

특정 분절의 과운동성이나 저운동성에 주의한다.

플랫 다운(Flat Down)

1. 바렐 중앙에 앉아 양발은 레더에 올려놓고 머리에서부터 골반까지 척추 바로 세워 양손을 앞으로 나란히 뻗어 준다.

2. 길게 뻗은 척추 정렬 유지한 채로 버틸 수 있을 만큼만 척추를 뒤로 기울인다.

<응용 동작> 플랫 다운-트위스트(Flat Down-Twist)

골반의 위치를 유지하며 척추를 왼쪽으로 회전시켜 뒤로 기울였다가 제자리로 돌아온다. 반대쪽도 동일하게 진행한다.

목적

코어 근육 강화(Core Muscle Strengthening)
협응력 증진(Coordination Improvement)
허리-골반 영역 안정화(Lumbo-pelvic Stability)
복부 강화(Abdominal Muscle Strengthening)

주요 효과

코어 근육(Core Muscle)
복근(Abdominal Muscle)
엉덩관절 굽힘근(Hip Flexor)
몸통 폄근(Trunk Extensor)

주의 사항

목, 어깨 주변부의 근육들이 긴장되지 않게 주의한다.
허리 통증 및 사타구니 통증에 주의한다.

척추 회전운동(Spine Twist)

1. 바렐 중앙에 앉아 양발은 레더에 올려놓고 머리에서부터 골반까지 척추 바로 세워 양손을 옆으로 나란히 뻗어 준다.

2. 목-등-허리 순서로 몸통을 돌림시킨 후 제자리로 돌아온다.

3. 반대쪽도 동일하게 반복한다.

목적

척추 스트레칭(Spine Stretching)

몸통 돌림에 대한 분절 움직임 증진(The movement of each vertebrae to the Spinal rotation)

척추 회전에 대한 관절의 연결성 및 운동성 증진(Improvement of joint connectivity and mobility for spinal rotation)

주요 효과

몸통 주변부 근육 스트레칭

주의 사항

머리-목-등 순으로 순차적으로 움직임이 나올 수 있게 유도한다.

특정 분절의 과운동성에 주의한다.

등이나 허리가 굽힘되지 않게 주의한다.

골반이나 다리 정렬의 변화가 나타나지 않게 주의한다.

백 밴딩(Back Bending)

1. 양발을 레더 아랫부분에 고정한 후 골반 뒤쪽을 바렐에 기대 상체는 세우고 양손을 앞으로 뻗어 준다.

2. 골반을 후방 경사(Posterior tilting)시키며 허리-등-목 순으로 척추 분절을 이용하여 자연스럽게 내려간다.

3. 가능하면 무릎을 펴 유지하고, 목이 불안정한 경우 양손으로 머리를 받쳐 준다.

목적
척추 분절 움직임 증진(Spine Articulation Movement Improvement)
골반 움직임 증진(Pelvic Movement Improvement)
몸통 굽힘근 스트레칭(Trunk Flexor Stretching)
어깨 폄근 스트레칭(Shoulder Extensor Stretching)

주요 효과
몸통 굽힘근(Trunk Flexor Muscle Stretching)
어깨 폄근(Shoulder Extensor Muscle Stretching)

주의 사항
척추 분절을 사용하여, 순차적으로 진행한다.
특정 분절의 과운동성이나 저운동성에 주의한다.
가동 범위가 나오지 않는 경우 서서히 점진적으로 늘려 준다.

사이드 밴드(Side Bend)

1. 옆으로 선 자세에서 양다리는 레더에 교차하여 일직선을 만들고 바렐에 골반을 기대어 상체를 세워 유지한다.

2. 코어 안정화시켜 놓고 바렐 라인 따라 측면으로 내려갔다가 천천히 돌아온다.

<응용 동작> 팔과 레더 쪽 다리의 위치 변화

목적
몸통 근육 강화(Trunk Muscle Stretching)
허리-골반 영역 안정화(Lumbo-pelvic Stability)
코어 근육 강화(Core Muscle Strengthening)
협응력 증진(Coordination Improvement)

주요 효과
코어 근육(Core Muscle)
복근(Abdominal Muscle)
몸통 가쪽굽힘근(Trunk Lateral Flexor Muscle)

주의 사항
신체의 올바른 정렬을 인식하고, 균형을 잡는 것이 중요하다.
복부의 긴장을 유지하며, 동작 동안 허리-골반(Lumbo-Pelvic) 영역의 안정성(Stability)을 유지한다.

클램(Clam)

1. 골반 옆면을 바렐에 고정하고 아래쪽 다리는 낮은 레더, 위쪽 다리는 무릎을 구부려 높은 레더에 둔다. 바렐 쪽 팔은 구부려 고정시키고 반대 팔은 균형을 잡을 수 있게 바렐 중앙에 놓는다.

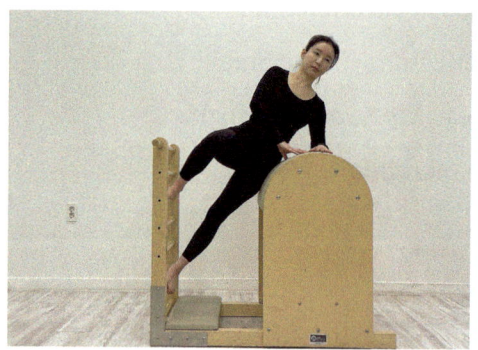

2. 골반은 정면을 향해 고정해 놓고 높은 레더 쪽 무릎을 천천히 가쪽돌림시켜 중간볼기근을 수축시킨다.

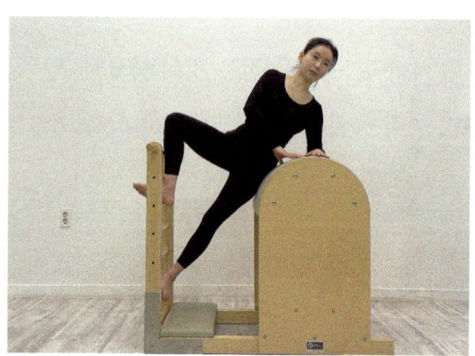

목적
엉덩관절 벌림근 및 가쪽돌림근 강화(Hip Abductor & External Rotator Strengthening)

주요 효과
엉덩관절 벌림근(Hip Abductor)
엉덩관절 가쪽돌림근(Hip Lateral Rotator)

주의 사항
신체의 올바른 정렬을 인식하고, 균형을 잡는 것이 중요하다.
복부의 긴장을 유지하며, 다리를 움직이는 동안 허리-골반(Lumbo-Pelvic) 영역의 안정성(Stability)을 유지한다.

스완(Swan)

1. 골반 앞쪽을 바렐에 기대어 양발은 레더에 놓고 바렐 라인 따라 몸통을 굽힘시킨다.

2. 배꼽을 당겨 고정시키고, 허리가 과하게 젖혀지지 않게 주의하며 척추를 폄시킨다.

3. 2번 동작을 인지한 후 전체적으로 척추를 더 폄시켜 올라간다.

스완 다이브(Swan Dive)

1. 엎드린 자세(Prone Position)에서 골반은 바렐 중앙에 고정하고 두 다리를 뻗는다. 양 팔꿈치를 구부려 양손 레더를 잡아 고정한다.

2. 양손으로 레더를 밀어 내 어깨를 안정화시키는 동시에 척추를 펴시켜 상체를 일으켜 세워 스완 자세를 유지한다.

3. 팔꿈치는 구부리고 다리는 뒤로 뻗어 내며 몸통을 앞으로 기울여 준다. 이때 전체적으로 활 모양을 유지하며 어깨뼈는 안정화를 시켜 고정한다.

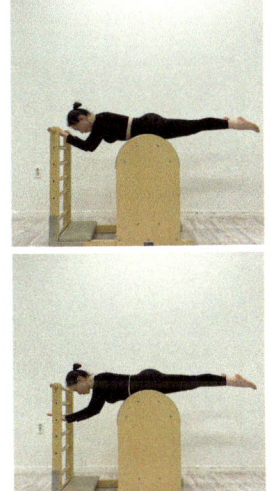

목적

몸통 굽힘근 스트레칭(Trunk Flexor Stretching)

몸통 폄근 강화(Trunk Extensor Strengthening)

코어 근육 강화(Core Muscle Strengthening)

협응력 증진(Coordination Improvement)

주요 효과

코어 근육(Core Muscle)

척추세움근(척추기립근, Elector Spinae)

엉덩관절 폄근(Hip Extensor)

어깨 안정화근(Scapular Stabilizers)

몸통 안정화 근육(Trunk Stabilizers)

주의 사항

목, 어깨 주변부의 근육들이 긴장되지 않게 주의한다.

특정 분절의 과운동성이나 저운동성이 나타나지 않게 주의한다.

레그 리프트(Leg Lift)

1. 엎드린 자세(Prone Position)에서 골반은 바렐 중앙에 고정하고 두 다리를 뻗는다. 양 팔꿈치를 구부려 양손으로 레더를 잡아 고정한다.

2. 두 다리 어깨 넓이로 열어 가쪽돌림시키고 엉덩이를 수축시키며 가능한 만큼 올라갔다가 내려온다.

<응용 동작> 스위밍

수영하듯 두 다리를 교차시켜 준다.

목적

허리-골반 영역 안정화(Lumbo-pelvic Stability)
복부-엉덩이-허리 근육의 동시 수축(Abdominal Muscle-Gluteal Muscle-Elector Spinae Co-Contraction)
코어 근육 강화(Core Muscle Strengthening)
협응력 증진(Coordination Improvement)

주요 효과

코어 근육(Core Muscle)
어깨 안정화근(Scapular Stabilizers)
척추세움근(척추기립근, Elector Spinae)
엉덩관절 폄근(Hip Extensor)

주의 사항

목, 어깨 주변부의 근육들이 긴장되지 않게 주의한다.
지지하는 팔과 어깨가 무너지지 않도록 밀어 내는 힘을 유지한다.
허리가 과젖힘되지 않게 골반 중립 자세를 유지한다.

힙 업(Hip Up)

1. 엎드린 자세(Prone Position)에서 골반은 바렐 중앙에 고정하고 두 다리를 뻗는다. 양 팔꿈치를 구부려 양손으로 레더를 잡아 고정한다. 양 무릎은 구부려 발을 가쪽돌림시키고 뒤꿈치를 붙여 유지한다.

2. 엉덩이를 수축시키며 뒤꿈치를 천장 쪽으로 들어 올려 준다.

목적

허리-골반 영역 안정화(Lumbo-pelvic Stability)

복부-엉덩이-허리 근육의 동시 수축(Abdominal Muscle-Gluteal Muscle-Elector Spinae Co-Contraction)

코어 근육 강화(Core Muscle Strengthening)

협응력 증진(Coordination Improvement)

주요 효과

코어 근육(Core Muscle)

어깨 안정화근(Scapular Stabilizers)

척추세움근(척추기립근, Elector Spinae)

엉덩관절 폄근(Hip Extensor)

주의 사항

목, 어깨 주변부의 근육들이 긴장되지 않게 주의한다.

지지하는 팔과 어깨가 무너지지 않도록 밀어 내는 힘을 유지한다.

허리가 과젖힘되지 않게 골반 중립 자세를 유지한다.

에이-포지션(A-Position)

1. 바렐 측면을 보고 중앙으로 올라와 앉아 양다리와 팔을 길게 뻗어 준다.

2. 허벅지 안쪽 모음근을 수축시켜 골반을 세워 준다는 느낌으로 좌우 밸런스를 맞추면서 자세를 유지한다.

목적

엉덩관절 벌림근 및 모음근 강화(Hip Abductor & Adductor Strengthening)

복부-엉덩이-허리 근육의 동시 수축(Abdominal Muscle-Gluteal Muscle-Elector Spinae Co-Contraction)

허리-골반 영역 안정화(Lumbo-pelvic Stability)

코어 근육 강화(Core Muscle Strengthening)

협응력 증진(Coordination Improvement)

균형 증진(Balance Improvement)

주요 효과

코어 근육(Core Muscle)

엉덩관절 벌림근(Hip Abductor), 모음근(Hip Adductor)

몸통 안정화 근육(Trunk Stabilizers)

주의 사항

목, 어깨 주변부의 근육들이 긴장되지 않게 주의한다.

신체의 올바른 정렬을 인식하고, 체간과 골반이 무너지지 않게 균형을 잡는 것이 매우 중요하다.

스파인 스트레칭(Spine Stretching)

1. 바렐 위에서 네발기기 자세(4Point Kneeling Position)를 유지한다.

2. 들이마시고 내쉬는 호흡에 골반을 뒤로 길게 밀어 내며 척추후관절을 신장시킨다.

<응용 동작> 캣 스트레칭

1. 복부 수축시키며 등을 둥글게 말아 올려 척추후관절을 열어 준다.

2. 반대로 척추를 바닥으로 눌러 준다는 느낌으로 척추후관절을 닫아 준다.

목적
척추 스트레칭(Spine Stretching)
척추 분절 움직임 증진(Spine Articulation Movement Improvement)

주요 효과
몸통의 폄근(Trunk Extensor)
몸통의 굽힘근(Trunk Flexor)
어깨가슴관절 내밈근(S-T Joint Protractor)

주의 사항
척추와 사지의 정렬이 무너지지 않게 주의한다.
특정 분절의 과운동성이나 저운동성이 나타나지 않게 주의한다.

싱글 레그 킥(Single Leg Kick)

1. 바렐 위에서 네발기기 자세(4Point Kneeling Position)를 유지한다.

2. 몸의 정렬이 무너지지 않게 한쪽 다리를 뒤쪽으로 길게 뻗어 내며 들어 올린다.

<응용 동작> 콰드루페드

1. 들이마시고 내쉬는 호흡에 한쪽 손과 반대쪽 다리를 교차하며 들어 올린다. 이때 몸통이 흔들리지 않게 주의하며 팔다리를 수평하게 유지한다.

2. 반대쪽도 동일하게 진행한다.

목적

허리-골반 영역 안정화(Lumbo-pelvic Stability)

복부-엉덩이-허리 근육의 동시 수축(Abdominal Muscle-Gluteal Muscle-Elector Spinae Co-Contraction)

코어 근육 강화(Core Muscle Strengthening)

협응력 증진(Coordination Improvement)

주요 효과

코어 근육(Core Muscle)

어깨 안정화근(Scapular Stabilizers)

척추세움근(척추기립근, Elector Spinae)

엉덩관절 폄근(Hip Extensor)

주의 사항

목, 어깨 주변부의 근육들이 긴장되지 않게 주의한다.

지지하는 팔과 어깨가 무너지지 않도록 밀어 내는 힘을 유지한다.

복부에 힘을 유지하며, 팔다리를 뻗어 내는 동안 허리-골반(Lumbo-Pelvic) 영역의 안정성(Stability)을 유지한다.

사이드 시리즈(Side Series)

1. 옆으로 누운 자세(Side Lying Position)로 바렐 위에 누워 양다리를 아래 방향으로 길게 뻗는다. 이때 위쪽 다리는 골반 높이로 들어 올려 준다.

사이드 레그 리프트
(Side leg lift)

사이드 비트(Side beats)

사이드 레그 워킹
(Side Leg Walking)

2-1. (사이드 레그 리프트) 아래쪽 다리를 수평하게 유지하며 위쪽 다리를 길게 뻗어 위로 들어 올려 준다.

2-2. (사이드 비트) 위쪽 다리의 높이를 유지하면서 아래쪽 다리로 위쪽 다리를 터치 후 제자리로 돌아온다.

2-3. (사이드 레그 워킹) 아래쪽 다리와 위쪽 다리를 앞뒤로 교차하며 뻗어 낸다.

목적

허리-골반 영역 가동성 운동(Lumbo-pelvic ROM Exercise)

엉덩관절 주변근육 강화(Hip Joint Muscle Strengthening)

코어 근육 강화(Core Muscle Strengthening)

협응력 증진(Coordination Improvement)

복부 강화(Abdominal Strengthening)

주요 효과

코어 근육(Core Muscle)

복근(Abdominal Muscle)

엉덩관절 굽힘근(Hip Flexor), 폄근(Hip Extensor), 벌림근(Abductor), 모음근(Adductor)

주의 사항

목, 어깨 주변부의 근육들이 긴장되지 않게 주의한다.

복부에 힘을 유지하며, 다리를 뻗어 내는 동안 허리-골반(Lumbo-Pelvic) 영역의 안정성(Stability)을 유지한다.

신체의 올바른 정렬을 인식하고, 체간과 골반이 무너지지 않게 균형을 잡는 것이 매우 중요하다.

Which posture ate you?

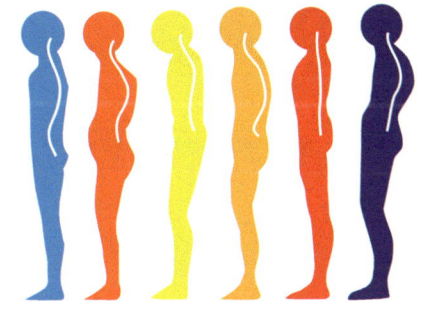
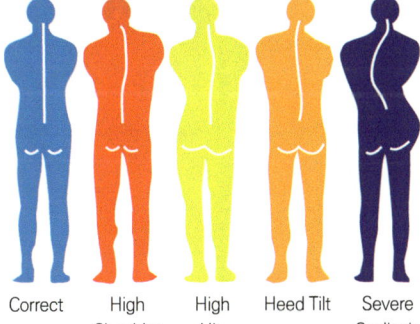

Correct Posture | Hollow Back | Flat Pelvis | Slumping Posture | Military Posture | Round Shoulders | Correct | High Shoulder | High Hip | Heed Tilt | Severe Scoliosis

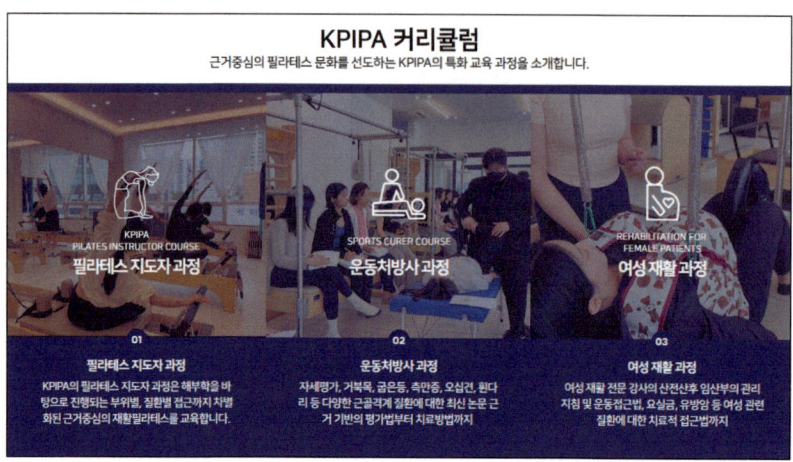

KPIPA 대한자세통합필라테스협회

교육지부 문의 | 010-2344-5503 송기연 협회장
교육관련 문의 | 010-3206-5503 장미리 총괄이사
네이버 카페 | https://cafe.naver.com/danapil
공식 홈페이지 | www.KPIPA.net
인스타그램 | @kpipa_pilates @mi_ri_jjang_

저자 약력

송기연(대한자세통합필라테스협회 협회장, 전남과학대학교 물리치료학과)

장미리(대한자세통합필라테스협회 총괄이사, 다나필라테스 본사 원장)

본 교재는 한국저작위원회에 편집저작물로 등록되어 있어
상업적 또는 비상업적 용도로 내용을 복사, 수정하거나 재배포를 금지합니다.

적발 시 저작권법 위반에 따른 민/형사상의 책임을 받을 수 있습니다.

Copyright 2020. Ki-Yeon, Song & Mi-Ri, Jang All rights reserved.

필라테스 지도자로 만들어 줄게 R.C.C.B

대표저자 | 송기연·장미리

홈페이지 | www.kpipa.net

주소 | 광주광역시 북구 양산로 60, 2층 대한자세통합필라테스협회

연락처 | 062-574-5504

KPIPA Pilates Instructor Course

Lession 1 | 필라테스 해부학

Lession 2 | Mat & Props 필라테스

Lession 3 | R.C.C.B 필라테스